Johannes Käfer

Schattenpflanzen für naturnahe Gärten

Inhalt

Vorwort

Liebe Gartenfreundin, lieber Gartenfreund!

Der Schatten ist in unserem Sprachgebrauch oft negativ behaftet. Sprüche wie „Wo die Sonne scheint, da fällt auch Schatten" oder „die Schattenseite des Lebens" veranschaulichen uns das sehr gut. Dabei kann Schatten so gut tun. An heißen Sommertagen weiß natürlich jeder den Wert eines sonnigen Plätzchens zu schätzen, aber der Schatten kann viel mehr. Er vermittelt Schutz und Geborgenheit. Nicht umsonst sollen sich Elfen, Feen und andere guten Geister Zwielicht des Schattens tummeln, wie man in vielen Sagen und Märchen nachlesen kann.

Genau dieser Umstand hat mich als Gärtner inspiriert, mit Blumen und Stauden, die im Verborgenen gedeihen, Gartenliebhaber neugierig zu machen. Leider wissen viel zu wenig Gartenfreunde wirklich über die Vielfalt der Schattenpflanzen und die Gestaltungsmöglichkeiten Bescheid – umso wichtiger ist es, auf die Schönheit einer Schattenvegetation hinzuweisen. Gerade in einem naturnahen Garten sollte man sich mit allen Standortbedingungen arrangieren können und dazu gehört natürlich auch der Schatten. Nicht nur für die Pflanzen sind beschattete Plätze sehr wichtig, auch Tiere und Insekten, darunter auch viele Nützlinge, benötigen solche Orte als sicheren Unterschlupf und Rückzugsmöglichkeit. In einem richtigen Naturgarten ist es für das biologische Gleichgewicht enorm wichtig, dass alle Gartenbewohner ihren passenden Lebensraum finden, nur so kann sich eine große Artenvielfalt einstellen.

Mit diesem Gartenratgeber möchte ich Sie mit den Schattenseiten des Gartens versöhnen und hoffe, dass Sie nach dem Lesen voller Ungeduld und Vorfreude wunderschöne Gartenbilder gestalten, in denen Schattenpflanzen mit Blüten, Blättern, Formen und Farben den Betrachter verzaubern.

Johannes Käfer
Juli 2007

Schatten ist nicht gleich Schatten

Nicht alle schattigen Bereiche sind immer gleich als „problematisch“ einzustufen. Viele halbschattig gelegene Plätze lassen sich oft vielfältiger bepflanzen als vollsonnige Standorte. Dabei geht es nicht nur um das Lichtangebot alleine. Auch die Bodeneigenschaften verändern sich je nach der Anzahl der Sonnenstunden. Bevor man nun beginnt, schattige Bereiche im Garten zu gestalten, sollte man die betroffenen Bereiche zuvor gut beobachten. Wie viel Licht gibt es tatsächlich? Ist der Boden feucht oder trocken? Wie sind die Lichtverhältnisse im Winter?

Formen des Schattens

Schatten ist nicht gleich Schatten und die Übergänge zwischen den Bereichen sind fließend. Hinzu kommt, dass sich die Lichtverhältnisse auch im Wechsel der Jahreszeiten deutlich ändern können. Im Folgenden sollen die Eigenschaften der unterschiedlichen Schattenbereiche, wie man sie in einem Garten vorfindet, beschrieben werden. Man unterscheidet grob folgende Schattenformen.

Vollschatten

Im Voll- oder Dauerschatten ist der Lichteinfall nur noch minimal. Man bezeichnet damit solche Bereiche, die das ganze Jahr über nicht von der Sonne beschienen werden und wo der direkte Blick zum Himmel stark eingeschränkt ist. Solche Situationen finden sich bevorzugt unter dicht belaubten immergrünen Laub- und Nadelgehölzen. Auch unter Laub abwerfenden Bäumen mit breiten und sich überdeckenden Blättern herrscht während der Vegetationsperiode ein Vollschatten. Hier ist der Schatteneffekt von kürzerer Dauer, da er erst im späten Frühjahr nach dem Laubaustrieb einsetzt und mit dem Laubfall im Herbst endet. Daher sind dort die idealen Pflanzstellen für Pflanzen wie beispielsweise das Alpenveilchen (*Cyclamen coum* oder *Cyclamen hederifolium*), dessen Hauptvegetationszeit im Frühjahr oder Herbst liegt.

Lichtverhältnisse ändern sich im Tageslauf.

BESCHRÄNKTE AUSWAHL
Das geringe Lichtangebot im dauerhaften Vollschatten schränkt die Pflanzenauswahl ansonsten natürlich beträchtlich ein, da nur wenige Pflanzen mit einem solchen Minimum an diffusem Streulicht noch existieren können. Wenn, dann sollte man an hier Wildstauden pflanzen, die in der Natur unter ähnlichen Bedingungen gut gedeihen.

Halbschatten

Halbschattige oder halbsonnige Standorte bieten einer großen Zahl von Pflanzenarten gute Lebensbedingungen. Als halbschattig werden solche Standorte bezeichnet, wie man sie beispielsweise unter hellen Laubholzkronen findet. Hinzu kommen meist einige Stunden Sonne am Morgen oder am Abend, während über den Rest des Tages Vollschatten herrscht. Derartige Lichtverhältnisse bilden sich z.B. an der Ost- bzw. Westseite einer Mauer oder eines Gebäudes bzw. an in Nord-Süd-Richtung gepflanzten höheren Hecken aus. Es bleibt noch zu erwähnen, dass hier bei Einstrahlung der Nachmittagssonne die Temperatur viel höher steigt als an einer Stelle, die nur Morgensonne erhält.

Licht und Schatten Ein Platz, an dem die Sonne nicht den ganzen Tag scheint, ist deswegen noch lange nicht schattig. Es zählt eben nicht nur die Dauer der Sonnenbestrahlung, sondern auch die Lichtintensität. Wenn zum Beispiel die Sonne an einem Ort nur zwei Stunden täglich scheint, das aber zur Mittagszeit, wird das für viele Schattenpflanzen womöglich schon zu viel sein. Schatten zur Zeit der Mittagshitze ist also besonders günstig, da sich so die meisten Schattenpflanzen hier wohl fühlen können. Umgekehrt machen eine Stunde Morgensonne und eine Stunde Abendsonne noch lange keinen sonnigen Standort.

Im lichten Schatten fühlt sich sogar die eine oder andere sonnenhungrige Pflanze wohl. In diesem Fall wird die direkte Sonneneinstrahlung meist durch ein in der Nähe befindliches Gebäude oder eine Wand eingeschränkt, der Blick zum Himmel bleibt jedoch unbeeinträchtigt.

Streuschatten

Dieser tritt unter locker belaubten Bäumen oder Sträuchern auf. Schatten und Licht wechseln hier permanent miteinander ab, es gibt daher keine dauerhaft im Schatten liegenden Flächen.

Tipp **Vollsonnig oder vollschattig? Als Faustregel gilt: Gartenbereiche, die im Sommer weniger als 3 bis 4 Stunden Sonne abbekommen bezeichnet man als vollschattig, Beete, die im Winter mehr als 3 bis 4 Stunden Sonne erhalten, sind vollsonnig.**

Schatten im Überblick

Es existieren keine genaue Definitionen zu den Abstufungen schattiger Bereiche, zum Beispiel wo lichter Schatten endet und wo Halbschatten beginnt.

Unter absonnig versteht man Standorte, die zum Himmel offen sind, wobei die Pflanzen jedoch nicht direkt von Sonnenstrahlen getroffen werden, etwa in sehr hellen und großen Innenhöfen. Absonnige Standorte weisen eine hohe Lichtintensität auf. Lichter Schatten beschreibt einen ständigen Wechsel zwischen Sonnenflecken und kurzen Schattenzeiten, die sich beispielsweise durch ein transparentes Zweiggerüst am Gehölzrand oder unter Bäumen ergeben.

Halbschatten bedeutet, dass sich Zeiten mit längerer vollständiger Beschattung und kürzerer, aber regelmäßigerer Sonneneinstrahlung abwechseln. Wobei der Schatten selbst nicht „dunkel", wie beispielsweise unter Nadelgehölzen (= Koniferenschatten), ist, sondern eher an den lichten Schatten erinnert. Im Gegensatz zu „absonnig" wandert der Schatten im halbschattigen Standort im Tagesverlauf mit.

Ein Sitzplatz im lichten Schatten.

Merkmale schattiger Bereiche

Wie bereits erwähnt, ist eines der Hauptprobleme schattiger Standorte unter Bäumen der Umstand, dass diese fast immer sehr trocken sind, da die Bäume dem Boden das Wasser entziehen. Zusätzlich wird durch das dichte Laubdach Wasser in den Bereich der Kronentraufe geleitet und gelangt nicht in den unmittelbaren Bereich unter der Baumkrone. Das Einsetzen von Pflanzen unter Bäumen wird zusätzlich dadurch erschwert, dass die Wurzeln der Bäume nur knapp unter der Erdoberfläche liegen.

Wird der Schatten durch Gebäude, Mauern oder Hecken verursacht, ist der Boden meist sehr feucht und kalt. Niederschläge werden nicht abgehalten und die Sonne kann den Boden nicht ausreichend erwärmen und abtrocknen.

Flächendeckende Bepflanzung unter einer Baumkrone.

Nachteile schattiger Standorte

Neben der Bodenbeschaffenheit ist auch das Klima für den Schatten kennzeichnend. Die Luft erwärmt sich hier nur schwer und hinter Mauern und unter Bäumen kann sie meist auch nicht ausreichend zirkulieren. Dies bewirkt, dass die Blätter der Pflanzen nur schwer abtrocknen und dadurch häufiger von Pilzerkrankungen befallen werden als anderswo.

Zu allem Überfluss sind schattige Bereiche auch ein beliebtes Rückzugsgebiet für Schnecken, die von hier aus den schon geschwächten Pflanzen den Rest geben und im Schutz der Dämmerung zu Expeditionen in den Garten aufbrechen.

Im Voraus denken

Bei der Neuanlage eines Gartens sollte man von Anfang an darauf achten, dass durch die Bepflanzung nach Jahren nicht Probleme entstehen, die dann nur noch schwer zu lösen sind. Das Wissen über die Wüchsigkeit und die Endgröße von Sträuchern und Bäumen ist in diesem Fall maßgeblich. Letztendlich geht es um die Frage, ob man auch in einigen Jahren noch einen Garten pflegen möchte oder lieber einen lichten Wald hinter dem Haus hat. Kleinkronige Bäume und Zwergformen von Sträuchern werden diesbezüglich auch in kleinen Gärten nur selten Probleme bereiten.
Passende Sorten sind im Gartenfachhandel erhältlich.

Auslichten und Fällen Bei bestehenden Gartenanlagen sollte man bei zu viel Schatten das Entfernen eines Baumes oder einer Strauchgruppe in Betracht ziehen, um wieder sonnige, helle Plätze zu schaffen. Das Fällen eines Baumes muss aber auf jeden Fall gut überlegt sein und mit allen Mitbewohnern abgesprochen werden. Ab einem bestimmten Stammdurchmesser ist außerdem in manchen Städten eine behördliche Genehmigung einzuholen.

Tipp **An Nordseiten von Gebäuden kann man neben oder statt einer Bepflanzung auch Abstellplätze für Mülltonnen, Fahrzeuge oder Gartengeräte einplanen.**

Mit Schattenbereichen richtig umgehen

Die meisten Probleme, die der Schatten mit sich bringt, lassen sich völlig oder zumindest teilweise beheben. Zu trockene Böden kann man mittels einer Bewässerungsanlage mit Sickerschläuchen feucht halten. Im Fachhandel erhältliche Tropfschläuche werden dazu auf den Boden gelegt und mit Mulch zugedeckt. Nun braucht man diese nur noch an einen Bewässerungsautomaten anzuschließen – und schon sind die Pflanzen zum Beispiel unter Bäumen ausreichend mit Wasser versorgt. Zu nasse Böden und solche, die nicht abtrocknen können, kann man durch das Einarbeiten von Sand durchlässiger und luftiger machen. Am besten eignet sich hierfür Quarzsand mit der Körnung 0,5 bis 2 mm. Dieser wird je nach Zustand des Bodens bis zu 20 cm tief eingearbeitet.

Für Frischluft sorgen Eine bessere Luftzirkulation erreicht man durch den gezielten Rückschnitt von Sträuchern und Bäumen. Hierbei ist natürlich das richtige Augenmaß gefragt. Ein zu starker Rückschnitt bewirkt meist ein noch stärkeres Wachstum, darum sollten zum Beispiel bei Sträuchern nur einzelne alte Triebe entfernt werden. Das Wichtigste ist jedoch die richtige Wahl der Pflanzen. Hier wie überall im Garten gilt: Nur eine standortgerechte Bepflanzung entwickelt sich erwartungsgemäß und optimal.

Schatten und Jahreszeiten

Das Lichtangebot verändert sich natürlich auch im Wandel der Jahreszeiten. Flächen, die im Sommer ausreichend Licht für anspruchsvollere Pflanzen bieten, können zu den anderen Jahreszeiten durchaus für eben diese Pflanzen problematisch sein. Besonders im Frühling, zur Zeit des Austriebs, ist eine ausreichende Belichtung für viele Pflanzen sehr wichtig. Umgekehrt ist der Schatten im Winter für immergrüne Pflanzen ein Schutz vor Austrocknungsschäden durch die Sonnenstrahlung. Beobachten Sie Ihren Garten, machen Sie von Zeit zu Zeit ein Foto von verschiedenen Plätzen, um sich die Situation bei Bedarf in Erinnerung zu rufen.

Baumschatten auf einer Wiese.

Nach dem Vorbild der Natur

Die Natur kennt viele Varianten des Schattens. Im Unterholz der Wälder, an den Säumen von Hecken und am Rand von Buschwerk gedeihen wunderschöne krautige Pflanzen, meist Stauden und Zwiebelblumen. Diese natürlichen Pflanzengesellschaften lassen sich gut auf den Hausgarten übertragen, wenn man die Ansprüche der Pflanzen und die besonderen Lebensraumbedingungen kennt. Es ist also gar nicht schwierig, dem Schattengarten etwas Positives abzugewinnen.

Schatten in der Natur

Ein Hauptmerkmal schattiger Lebensräume in der Natur ist die hohe Feuchtigkeit. Das Licht der Sonne ist hier nicht so intensiv, als dass der Boden abtrocknen könnte. Man findet solche Bereiche in der Bodenschicht dicht belaubter Wälder, zwischen umgestürzten Bäumen, in Felsnischen und steilen Schluchten, aber auch am Rand von Wäldern unter Büschen sowie entlang von dicht bewachsenen Bächen und Teichen.

Vielfältiger Lebensraum

Besonders Amphibien fühlen sich in schattigen und feuchten Lebensräumen wohl. Der Feuersalamander findet beispielsweise in einer dicken Laubschicht am Boden die besten Lebensbedingungen vor. Doch auch zahllose andere Wirbellose und Pilze nehmen hier ihre Funktion als der „Magen" des Waldes wahr. Sie zerlegen organische Substanz in ihre Bestandteile und führen so die Nährstoffe wieder dem Kreislauf der Natur zu.

IM SCHATTEN DER BÄUME Standorte direkt unter Bäumen bieten wohl die schwierigsten Bedingungen für einen üppigen Pflanzenwuchs. Neben dem sehr geringen Lichtangebot ist hier ein Mangel an Feuchtigkeit sicherlich das größte Problem. Es bedarf schon einiger Regenmengen, um den Boden ausreichend zu durchfeuchten. Hinzu kommt noch, dass die hoch liegenden Wurzeln der Bäume dem Boden noch zusätzlich Wasser entziehen. Besonders stark wachsende und flach wurzelnde Gehölze wie Birke, Ahorn und Fichte stellen eine besondere Herausforderung dar. Laubgehölze bieten jedoch den einen Vorteil, dass sie durch den jährlichen Laubfall den Boden mit wichtiger organischer Substanz anreichern. Aus dem abgefallenen Laub bildet sich zuerst eine Mulchschicht, die den Boden vor dem Austrocknen schützt, und dann sehr rasch eine Humusschicht, die sich als Pflanzgrund hervorragend eignet.

Anders bei Nadelbäumen: Die abgeworfenen Nadeln verrotten nur sehr langsam und speichern in unverrottetem Zustand nur wenig Wasser. Hier bleibt der Boden so lange offen, bis sich Moos ansiedelt.

Überlebensstrategien

Einheimische Schattenpflanzen zeigen uns eine Reihe interessanter Anpassungen an ihr Schattendasein. Sie entwickeln meist größere Blätter als Pflanzen an Sonnenstandorten. Ein gutes Beispiel dafür ist der Waldstorchschnabel mit seinen großflächigen grünen Blättern – im Gegensatz dazu sind die des Wiesenstorchschnabels feingliedrig und tief geschlitzt. Wer im Schatten lebt, braucht größere Blattoberflächen, um genügend lebenswichtiges Licht auffangen zu können. Eine weitere Strategie, um trotz Schatten zu genügend Licht zu gelangen, ist das rasche Ranken nach oben in lichtere Höhen, wie es der Efeu oder die Waldrebe zeigen. Frühblüher der Waldvegetation nützen ihren Vorsprung aus und bilden Blüten, bevor die Laubbäume austreiben.

Natur braucht Raum

Viele Schattenpflanzen, die wir in der freien Natur vorfinden, werden mittlerweile in Staudengärtnereien kultiviert und sind im Handel erhältlich. Doch Vorsicht: Auch für eine naturnahe Bepflanzung ist eine richtige Beratung notwendig. Viele Wildstauden neigen zum Wuchern und sind außerdem sehr anpassungsfähig. Dadurch können sie schnell ungewollte Ausmaße annehmen und in Bereiche vordringen, in denen sie eigentlich nicht vorgesehen waren. Eine Gestaltung mit Pflanzen, wie sie in der Natur vorkommen, ist daher nur in großen Gartenanlagen empfehlenswert. Einige Wildstauden wurden durch Neuzüchtungen und in ihrem Wuchsverhalten ein wenig gezähmt. Gute Beispiele hierfür sind Günsel, Akelei, Astilbe, Immergrün, Efeu und viele mehr. Mit diesen Pflanzen besteht die Möglichkeit, auch kleinere Bereiche gezielt „verwildern" zu lassen.

TIPP **Um sehr trockene Zonen unter Bäumen üppig bepflanzen zu können, empfiehlt sich die Installation einer Tröpfchenbewässerung. Nach dem Einsetzen der Pflanzen legt man einen Tropfschlauch in Schlangenlinien auf den Boden. Darüber zieht man eine 3 bis 5 cm dicke Schicht Mulchmaterial. Dies hat den Vorteil, dass das Wasser im Boden besser gespeichert wird und der Tropfschlauch nicht mehr zu sehen ist. Als Mulchmaterial verwendet man Kompost.**

Teich und Bach

In freier Natur sind die Ufer von Bachläufen und Teichen dicht bewachsen, etwa mit Wasserschwertlilien oder Pestwurz. Im Schatten der Bäume, die ihre Äste über das Wasser hängen, lauern Tiere wie der Eisvogel auf Beute und zwischen den Uferpflanzen ruht auch gerne der Fischotter. Kleinere Wasserflächen in der Natur sind meist beschattet. Der Sinn liegt auf der Hand: Nur so kann das biologische Gleichgewicht im Gewässer erhalten werden. Würde beispielsweise ein Baum, der einen kleinen Teich beschattet, plötzlich vom Sturm umgerissen, wird sich das Gewässer sehr schnell verändern. Algen können sich nun explosionsartig vermehren, ausreichend Nährstoffe im Wasser vorausgesetzt. Außerdem würde zu viel Sonneneinstrahlung zu einer starken Erwärmung des Wassers führen.

Die schönsten Anregungen zur Gestaltung liefert die Natur.

Leben zwischen Moosen und Farnen

Farne und Moose sind wahre (Über-)Lebenskünstler. Schwierigste Lebensbereiche von Felsspalten bis zu Höhleneingängen werden von ihnen besiedelt. Sie können auch in besonders lichtarmen Bereichen überleben und bilden hier eine geschlossene Bodendecke. In einem solchen Lebensraum fühlen sich viele nützliche Insekten, Kleintiere, niedere Pflanzen und Würmer wohl. Der Regenwurm zum Beispiel ist einer der wichtigsten Bodenaufbereiter. Er reichert den Boden durch seine Ausscheidungen mit Mineralien an und verwandelt organischen „Abfall" zu Humus. Auch Asseln und Tausendfüßler sind für die Zersetzung organischer Materie zuständig und lieben schattige, feuchte Böden. Leider dienen diese Bereiche auch als Rückzugsgebiet für Schnecken, aber auch für deren natürliche Feinde wie zum Beispiel Frösche und Kröten.

Vor allem Moose können karge Flächen urbar machen, man muss der Natur nur einige Zeit ihren Lauf lassen. Durch ihre Fähigkeit, bis zum 300fachen ihres Eigengewichts an Wasser zu speichern, können sie sehr lange Trockenperioden überstehen und dienen auch für andere Organismen als Wasserspeicher.

Moose anzusiedeln ist nicht ganz einfach und geeignetes Pflanzmaterial bei uns noch nicht erhältlich. In Japan ist man uns da schon um einiges voraus. Dort ist es sehr modern, in schattigen Bereichen Moosgärten anzulegen.

Typische Waldbodenpflanzen: Moose und Farne.

Leben im Moos

Auf Waldböden erstreckt sich in der Regel ein dichter grüner Teppich von winzigen Moosen. Diese bieten Lebensraum für zahllose Wirbellose, die wiederum Nahrung für im Wald lebende Wirbeltiere wie Vögel sind. Auch Pilze gedeihen in dieser Moosschicht, die zusammen mit den Heerscharen von Asseln und Tausendfüßlern eine bedeutende Rolle bei der Zerkleinerung und Zersetzung organischen Materials auf dem Waldboden spielen. Sie führen auf diese Weise die Nährstoffe wieder in den Kreislauf der Natur zurück und machen sie nutzbar für die Organismen.

Faszinierende Farne Weltweit gibt es etwa 11.000 Farnarten, bei uns trifft man sie meist in feuchten Wäldern an. Oft findet man sie auch in Felsspalten, in denen sich Wasser gesammelt hat. Farne sind aufgrund ihres Lebenszyklus auf Feuchtigkeit angewiesen. Dieser ist seit Urzeiten unverändert. Farne durchlaufen einen sogenannten Generationswechsel mit zwei völlig unabhängigen Entwicklungsstadien.

Auf der Unterseite der Farnwedel sitzen kleine braune Auswüchse, die Sori. In diesen entstehen die samenähnlichen Sporen, die vom Wind verdriftet werden. Aus ihnen wächst jedoch keine neue Farnpflanze, sondern eine Art Vorkeim, das Prothallium. Auf diesem herzförmigen Blättchen gibt es weibliche und männliche Geschlechtsorgane. Nach einer gewissen Reifezeit entstehen Spermatozoiden, die sich nur in einem Wasserfilm bewegen können und auf die Eizelle zuschwimmen. Aus der Verschmelzung dieser beiden entsteht eine Spore, aus der schließlich ein neuer Farn wächst. Aus diesem Grund sind Farne auf Feuchtigkeit angewiesen, um sich zu vermehren.

Dekorativ: die filgranen Farnwedel.

Asseln

Asseln (Isopoda) sind keine Insekten, sie gehören vielmehr zu den Krebstieren. Ihr ursprünglicher Lebensraum ist das Meer, doch eine kleine Gruppe – die Landasseln – hat das Wasser verlassen. Sie haben aber ihre Kiemenatmung beibehalten. Die Kiemen sitzen an den hinteren Beinen. Da sie ständig feucht gehalten werden müssen, bevorzugen Asseln feuchte Habitate. Man findet sie im Falllaub, unter Baumstümpfen und Steinen. Asseln sind Pflanzenfresser und spielen eine große Rolle als Zersetzer von beispielsweise Falllaub und Totholz.

Asseln sind Krebstiere, die mit Kiemen atmen.

Regenwürmer, unentbehrliche Helfer im Garten.

Buntes Frühlingstreiben

Ein Blick in die Natur zeigt, dass der Frühlingswald schon zeitig im Jahr einen wunderschönen Anblick bietet. Hier läutet das Hasenglöckchen die Ankunft des Frühlings ein. Auch Scharbockskraut und Veilchen erscheinen nun auf Lichtungen und an Waldrändern. Es ist ein Wettlauf mit der Zeit, denn in wenigen Wochen hat sich das Blätterdach der Bäume entwickelt und nur noch relativ wenig Licht dringt dann auf den Waldboden.

Zwiebel- und Knollenpflanzen

Während die meisten Stauden und Gehölze gerade erst aus dem Winterschlaf erwachen, leuchten bereits die Blüten vieler Zwiebelpflanzen unter Sträuchern und Bäumen hervor. Sie dürfen bei der Gestaltung schattiger Plätze nicht außer Acht gelassen werden. Die meisten Pflanzen dieser Gruppe blühen, je nach Witterung, zwischen Ende Februar und Mitte April, zu einer Zeit, in der das Blätterdach der Bäume und Sträucher noch nicht voll entwickelt ist. Nach der Blüte ziehen sie ein und machen Platz für andere Pflanzen, die sich nun entfalten können. Gerade diese Eigenschaft macht sie für die Anlage eines Pflanzbeetes so interessant.

Bunte Frühlingsbeete planen

Bevor man an die Neugestaltung eines Schattenbeetes unter Bäumen und Sträuchern geht, sollte man unbedingt einen Bepflanzungsplan erstellen. Dies ist zwar mit etwas Zeitaufwand verbunden, der Aufwand lohnt sich jedoch. In erster Linie gibt ein Bepflanzungsplan genaue Angaben über die Zahl der benötigten Pflanzen. Und in der Ausführung erspart man sich später eine Menge Zeit, da man nicht mehr lange überlegen muss, wo man was hinpflanzt. Zu guter Letzt ist es nur so möglich, ein Gesamtkonzept zu erstellen, auch wenn nicht die gesamte Fläche auf einmal bepflanzt wird. So werden beispielsweise die Zwiebeln der Frühlingsblüher erst im Herbst gesetzt, doch die Neuanlage eines Pflanzbeetes wird meist im Frühling getätigt. In diesem Fall ist ein Bepflanzungsplan sehr hilfreich.

Gartenbeete planen – Schritt für Schritt

Anregungen sammeln und Notizen machen – im Botanischen Garten, beim Besuch in gut sortierten Gartencentern oder Gärtnereien, auf Reisen und Ausflügen, bei der Lektüre von Gartenbüchern.
- Eine „Wunschliste" aufsetzen – welche Pflanzen und Pflanzenkombinationen haben es mir angetan, was will ich unbedingt haben?
- Welche Gartensituation liegt vor und wie sind die vorherrschenden Bedingungen?
- Konkretisierungsphase: Welche Vorstellungen können wir unter den gegebenen Standortbedingungen und bei den vorhandenen Platzverhältnissen in die Tat umsetzen?
- Bei Bedarf Farbschlüssel für die Bepflanzung festlegen. Die Farben der Umgebung müssen dabei mit berücksichtigt werden.
- Die Beetmaße am besten auf Millimeterpapier übertragen und mehrmals kopieren (am besten auf das Format DIN A3).
- Gewünschte Pflanzen, Beeteinfassungen, Wege, Pflasterflächen etc. eintragen – ggf. farbig.
- Bei Unsicherheit über Pflanzen (bezüglich etwa Blütenfarbe, Blütezeit, Standortansprüchen) der in diesem Buch enthaltenen Tabellen, weiterführende Literatur (z. B. BdB-Handbücher) oder Baumschule bzw. die Staudengärtnerei Ihres Vertrauens konsultieren!

Zwiebelpflanzen kaufen

Blumenzwiebeln werden meistens entsprechend ihrer Pflanzzeit im Handel angeboten, d. h. Tulpen und Narzissen im Herbst, Gladiolen, Knollenbegonien und Dahlien im Frühjahr und z. B. Zeitlose im Sommer. Gängige Sorten findet man sowohl in Fachgeschäften als auch im Gartencenter. Raritäten erhält man gelegentlich über Tauschbörsen.

AUF QUALITÄT ACHTEN Beim Kauf muss man unbedingt auf die Qualität der angebotenen Ware achten: Die Zwiebeln und Knollen müssen eine kompakte Konsistenz haben und dürfen auf keinen Fall weich, gummiartig oder gar matschig sein. Ein im Verhältnis zur Größe adäquates Gewicht garantiert die Frische der Ware. Je nach Größensortierung variieren die Preise, wobei die größten Zwiebeln meistens auch die üppigsten Blüten hervorbringen. Allerdings sind mittelgroße Zwiebeln oft gesünder und langlebiger. Große Sortierungen können durch Wasser und Dünger aufgeschwemmt sein.

Zwiebeln, die keine feste Außenhaut haben, zum Beispiel Lilien und Fritillarien, müssen beim Transport vor dem Austrocknen geschützt werden. Sie sollten nicht gelagert, sondern möglichst rasch eingepflanzt werden. Man erkennt die Frische der Ware an festen Zwiebeln und den noch hellen, straffen Wurzelansätzen am Zwiebelboden.

Zwiebeln und Knollen, die einen kümmerlichen Eindruck machen oder trocken und schlaff sind, werden auf keinen Fall schöne, gesunde Blüten treiben.

TIPP **Achten Sie auf äußerliche Verletzungen, der Schutzhaut oder der äußeren Zwiebelschale. Bei weichen, feuchten oder gar schimmeligen Stellen sollten Sie von einem Kauf absehen.**

Zwiebelpflanzen sind dankbare Frühjahrsblüher.

Richtig pflanzen

Vor dem Einpflanzen der Blumenzwiebeln sollte das Pflanzbeet richtig vorbereitet werden. Ein Auflockern des Bodens auf eine Tiefe von ca. 20 cm erleichtert nicht nur das Einlegen, sondern hilft der Zwiebel auch beim Anwurzeln. Beim Lockern des Bodens kann im Fall von schweren und nassen Böden auch Sand eingearbeitet werden, um die Wasserdurchlässigkeit zu erhöhen und dadurch die Zwiebel vor Fäulnis bewahren. Achten Sie nun beim Einpflanzen genau darauf, dass oben und unten der Zwiebel nicht verwechselt wird. Falsch eingelegte Zwiebeln bzw. Knollen wachsen entweder gar nicht an oder sie kommen erst sehr spät.

Die richtige Pflanztiefe

Bei den meisten Zwiebel- und Knollenpflanzen hängt der Wachstumserfolg von der richtigen Pflanztiefe ab. Zu tief eingepflanzte Zwiebeln, noch dazu auf eher nassen Böden, können sehr leicht faulen. Pflanzt man zu seicht, ist die Gefahr von Frostschäden bei Kahlfrösten sehr groß. Als Faustregel gilt: Der drei- bis vierfache Durchmesser der Zwiebel ergibt die Pflanztiefe in Zentimeter!

Pflegearbeiten rund ums Jahr

Zwiebel- und Knollenpflanzen gehören zu den pflegeleichtesten Gewächsen im Garten. Die winterharten Arten können über Jahre ohne besondere Probleme am selben Ort stehen und werden dabei immer schöner. Sollen die Pflanzen sich nicht selbst versamen, schneidet man die abgeblühten Triebe aus, lässt aber das grüne Laub noch stehen. Die Pflanzen erwirtschaften nach der Blütezeit mit ihren Blättern die Vorräte, die sie für die Zeit der Ruhe und die nächste Blütensaison brauchen. Erst wenn das Laub vergilbt, darf man es abschneiden. Bei kleinen Gewächsen wie Schneeglöckchen oder Krokussen stört das welkende Laub kaum, aber größere Gruppen von abgeblühten Tulpen oder Narzissen sind nicht unbedingt eine Augenweide.

Frühjahrsblüher setzen Farbakzente.

Frühlingsblüher Non-Stop von Februar bis Mai

Mit Bedacht geplant, kann ein Frühlingsbeet voller Zwiebel- und Knollenpflanzen von Ende Februar bis in den Mai hinein bunt und abwechslungsreich blühen. Den Startschuss geben die Winterlinge, Krokusse und Schneeglöckchen (*Galanthus*) ab, die in lockeren Gruppen über das gesamte Beet verstreut gesteckt werden. Kleine Gruppen mit Strahlenanemonen (*Anemone blanda*), Netziris (*Iris reticulata*) und Märzenbechern (*Leucojum vernum*) ziehen die Blicke auf sich. Narzissen, Tulpen und eine breite Drift blauer Traubenhyazinthen setzen im Hochfrühling deutliche Farbakzente. Die späten Dichternarzissen werden von Kaiserkrone und Papageitulpen begleitet.

TIPP **Um den etwas ungepflegten Eindruck eingezogener Zwiebelpflanzen zu kaschieren, kann man Stauden wie Türkenmohn, Pfingstrosen oder Taglilien zwischen sie pflanzen, die austreiben und mit ihrem Laub die welkenden Blätter der verblühten Zwiebelpflanzen verdecken.**

ZWIEBELPFLANZENBEET In vielen Gärten gibt es Bereiche, beispielsweise unter alten Bäumen, in denen fast nichts mehr blühen mag, weil es dort zu schattig ist. Wie gut, dass manche der Zwiebel- und Knollengewächse auch ohne viel Sonnenlicht mit ihrer Blütenpracht erfreuen! Besonders im Frühjahr, bevor die Blätter der Laubbäume den Boden beschatten, kann man dort herrliche Waldstimmungen und bunte Blüteninseln zaubern. Hier fühlen sich Bärlauch (*Allium ursinum*) und Buschwindröschen (*Anemone nemorosa*), aber auch Blausternchen (*Scilla*) und Märzenbecher (*Leucojum*) besonders wohl. Einige krautige Stauden, darunter das Kaukasus-Vergissmeinnicht (*Brunnera*), ergänzen die Komposition.

Im Sommer ziehen die Zwiebeln ihre Blätter ein, um im nächsten Jahr mit neuer Kraft und vielleicht doppelt so zahlreich, weil sie verwildert sind, zu blühen.

Pflanzideen für Frühlingsbeete

„Wer passt zu wem?" ist eine oft gestellte Frage, wenn es um die richtige Bepflanzung von Beeten geht. Bei frühlingsblühenden Zwiebel- und Knollenpflanzen ist die Kombination nicht allzu schwierig. Alle Pflanzen, die großflächig verwildern, wie zum Beispiel Bärlauch oder Winterling, dulden kaum Konkurrenten in ihrer Umgebung. Dies hat natürlich den Nachteil, dass nur wenig Abwechslung in der Bepflanzung ist. Der große Vorteil ist dagegen, dass auch kein Unkraut aufkommen kann. Eine solche Art der Bepflanzung macht jedoch nur in großen Gärten Sinn, denn nur hier kann man auch großräumig mit solchen wuchernden Pflanzen abwechseln.

Schöne Pflanzbilder

Besonders schön sind Kombinationen von Zwiebelpflanzen mit später austreibenden Pflanzen. So kann man ein Beet, dass schon seit Jahren mit Funkien (*Hosta*), Farnen oder Schaublatt bepflanzt ist, sehr gut mit Frühlingsblühern ergänzen. Blausternchen, Buschwindröschen oder Schachbrettblume eignen sich besonders, da diese einziehen, wenn die anderen Pflanzen aufkommen.

TIPP ❦ **Um einen möglichst natürlichen Eindruck zu erzielen, kann man die auszupflanzenden Zwiebeln auf den Boden werfen und so einpflanzen, wie sie hingefallen sind.**

Auch eine vermooste Wiese im Schatten kann man optisch dadurch aufwerten, indem man wahllos durcheinander Märzenbecher, Schneeglöckchen, Traubenhyazinthen, Krokus und Blausternchen in kleinen Gruppen einsetzt. Edle Tulpen und Narzissen, die auch in der Wuchshöhe sehr ähnlich sind, sollten ihren Platz dagegen eher in gepflegten Beeten finden, wo sie auch etwas mehr Sonnenlicht bekommen.

Vor allem bei Zwiebel- und Knollenpflanzen sind der Phantasie keine Grenzen gesetzt, solange man auf die wenigen Ansprüche Rücksicht nimmt.

Zwiebelpflanzen im Winter

Die meisten Frühlingsblüher bereiten in unseren Breiten während des Winters kaum Probleme. Gerade schattige Lagen bieten in dieser Jahreszeit sehr gleichmäßige Bedingungen. Lediglich zu spät im Herbst eingepflanzte Zwiebeln und Knollen treiben im Frühling nicht mehr aus. Ursache ist hier meist nicht die winterliche Kälte, im kalten Herbstboden wurzeln die eingelegten Pflanzen nicht mehr an und verfaulen. Die meisten Zwiebelpflanzen haben im Herbst und im Frühling einen erhöhten Wasserbedarf, während des Winters hingegen kommen sie mit weniger Feuchtigkeit sehr gut zurecht. Nur das Alpenveilchen sollte im Winter mit etwas Reisig abgedeckt werden.

Zwiebelpflanzen im Porträt

Schneeglöckchen Wenn wir an frühlingsblühende Zwiebelpflanzen denken, fällt uns sicher als erstes das Schneeglöckchen (*Galanthus nivalis*) ein.

Die kleinen, rundlich bis länglichen Zwiebeln mit ihrer lockeren, braunen Schale, werden von Spätsommer bis Herbst ca. 10 cm tief in die Erde gepflanzt. Die weißen, hängenden Glöckchen mit den drei weißen Hüllblättern entfalten sich je nach Witterung im Februar bzw. im März. Am wohlsten fühlt sich das Schneeglöckchen auf normalen, lockeren, kalkhaltigen Gartenböden in halbschattigen bis schattigen Lagen.

Diese Pflanze vermehrt sich von selbst durch Aussaat und durch Brutzwiebeln. Ein Herausnehmen der Zwiebeln ist nicht nötig.

Märzenbecher Fast ebenso häufig ist die Frühlingsknotenblume, besser bekannt als Märzenbecher (*Leucojum vernum*). Diese bei uns heimische Pflanze blüht von März bis April. Ihre weißen Glocken haben an den Spitzen der Blütenblätter grüne Tupfen. Die gut 20 cm langen, dunkelgrünen Blätter der Pflanze ziehen nach der Blüte ein.

Der Märzenbecher ist genauso wie das Schneeglöckchen im August oder September auszupflanzen und liebt es, wenn er jahrelang ungestört am gleichen Standort verbleiben kann. Auch diese Pflanze eignet sich für normale, nahrhafte Gartenböden im Halb- oder Vollschatten. Die frühe Blüte des Märzenbecher stellt übrigens eine wertvolle Nahrungsquelle für Insekten im Frühjahr dar.

Schneeglöckchen sind die ersten Frühjahrsboten.

Der Märzenbecher blüht bis April.

Buschwindröschen Zu den wichtigsten Frühlingsblühern im Schatten zähle ich auch das Buschwindröschen (*Anemone nemorosa*). Das Buschwindröschen ist keine Zwiebelpflanze, sondern es speichert die Nährstoffe in einer Rhizomwurzel. Die Blütensterne sind meist zartweiß, aber auch rosa oder blau. Die äußerst anspruchslose Pflanze liebt schattige Lagen und sollte im Herbst ca. 5 cm tief gepflanzt werden. Wenn die Anemonen einmal nicht mehr so stark blühen, kann man im Sommer mit Hornspänen düngen. Eine weitere frühblühende Anemonenart, die sich für den Schatten sehr gut eignet, ist die Butterblumen-Anemone. Im Gegensatz zum Buschwindröschen blüht sie gelb und eignet sich genau wie dieses gut für schattige Lagen.

Blausternchen Nicht ganz so häufig wie die oben genannten Pflanzen, aber mindestens so wichtig ist das Blausternchen (*Scilla* spp.). Die unzähligen, leuchtend violettblauen Blüten wirken bei einer dichten Bepflanzung besonders eindrucksvoll. Ab März beginnt das Blausternchen zu blühen und bei idealer Witterung kann die Blütezeit bis in den April hinein dauern. Einmal ausgepflanzt, hält es sich viele Jahre am selben Standort. Die Pflanzung erfolgt im Herbst etwa 5 bis 10 cm tief mit ebenso großem Abstand. Blausternchen passen gut in Steingärten oder in den Halbschatten unter Laubbäumen. Am besten kommen sie zur Geltung, wenn sie in großen Gruppen gepflanzt werden. Es gibt Sorten mit hellblauen und weißen Blüten.

Buschwindröschen bilden Blütenteppiche auf dem Waldboden.

Blausternchen sind eine wahre Augenweide.

Zwiebel- und Knollenpflanzen

Name/Familie	Eigenschaften	Pflanzung	Ansprüche	Besonderheiten
Alpenveilchen *Cyclamen coum* Primelgewächse	15 cm hoch, zartrosa Blüte, II bis V kleine, runde Knolle, Blüte duftend	Herbst, 2 bis 4 cm tief	lichter Halbschatten, Boden humos, durchlässig, kalkhaltig; an kalten Standorten ist Winterschutz nötig	für kleine Gartenanlagen, Liebhaberpflanze
Bärlauch *Allium ursinum* Liliengewächse	20 bis 25 cm hoch, weiße Blüte, V, ganze Pflanze stark nach Knoblauch duftend	Herbst, 5 bis 7 cm tief	halbschattige bis schattige Lagen, humoser, feuchter Waldboden	zum Verwildern in großen Gartenanlagen, Blätter essbar, Ernte IV-V
Blausternchen *Scilla siberica* Liliengewächse	10 bis 20 cm hoch, mehrere violett-blaue Blüten pro Stiel, III-IV	ab Anfang September 6 bis 10 cm tief, 10 cm Abstand	halbschattig, normale durchlässige Gartenböden, im Frühling nicht zu trocken	gut geeignet zum Verwildern auf schattigen Wiesen
Buschwindröschen *Anemone nemorosa* Hahnenfußgewächse	10 bis 15 cm hoch, Blütensternchen weiß, rosa oder blau, III-V	Herbst, 5 cm tief, 10 cm Abstand	sehr anspruchslos, feuchter Waldboden	ideal als Unterpflanzung von dichten Baum- und Strauchgruppen
Frühlingsknotenblume *Leucojum vernum* Amaryllisgewächse	15 bis 25 cm hoch, hängende , weiße Blütenglocken	August-Sept. 10 cm tief 15 cm Abstand	verträgt schattige Lagen, Tupfen, nährstoffreiche, humose Gartenböden	zum Verwildern auf schattigen, vermoosten Wiesen
Hyazinthe *Hyacinthus orientalis* Liliengewächse	20 bis 30 cm hoch, 15 cm hohe Blütentrauben, IV-V, weiß, rosa, rot, blau, gelb, stark duftend	September bis Nov., 10 cm tief, 15cm Abstand	lichter Halbschatten, nährstoffreicher Gartenboden, im Frühling ausreichend wässern	Blütenstände nach der Blüte entfernen, um Samenbildung zu verhindern.
Krokus *Crocos* sp. Schwertliliengewächse	10 bis 15 cm hoch, pro Knolle eine Blüte, weiß gelb, rosa, lila, blau, III-IV	September bis Oktober 6 bis 8 cm tief	Halbschatten, nährstoffreiche, durchlässige Gartenböden, Sommer und Winter eher trocken	Laub sollte nicht geschnitten werden, nicht für Rasen geeignet, alle 4 bis 5 Jahre umpflanzen
Milchstern *Ornithogalum* Liliengewächse	20 bis 25 cm hoch, weiße Blüte mit grünlichen Streifen bis zu 12 Blüten je Traube, IV-V	September, weißliche Zwiebel 6 bis 8 cm tief	anspruchslos, normale Gartenböden	zum Verwildern, in Kombination mit Wildstauden unter Gehölzen

Zwiebel- und Knollenpflanzen

Name/Familie	Eigenschaften	Pflanzung	Ansprüche	Besonderheiten
Narzisse *Narcissus* Amaryllisgewächse	je nach Art bis zu 50 cm hoch, ein bis mehrere Blüten je Stiel, weiß, gelb, rosa, orange, III-V	September 12 bis 18 cm tief	durchlässige, jedoch nicht zu trockene Böden, nährstoffreich, alle 3 Jahre ab V herausnehmen und im IX wieder einlegen	In kleinen Gruppen zwischen Stauden im lichten Halbschatten, auf Wiesen nur wenn diese spät gemäht werden
Schachbrettblume *Fritillaria meleagris* Liliengewächse	20 bis 30 cm hoch, überhängende Glocken, weiß, rot/rosa schachbrettartig gemustert, IV-V	ab August 7 bis 10 cm tief	feuchte, humose, leicht säuerliche Böden, keine Staunässe, Halbschatten	ungestört viele Jahre am Standort belassen, passend zu schattigen Wassermotiven
Schneeglöckchen *Galanthus nivalis* Amaryllisgewächse	ca. 10 cm hoch, kleine, grüngerandete Glöckchen mit 3 weißen Hüllblättern, II-III	August bis Oktober 10 cm tief	halbschattig bis schattig, normale, kalkhaltige Böden, sehr anspruchslos	in Gruppen mit anderen Frühlingsblühern unter Laubgehölzen
Traubenhyazinthe *Muscari* Liliengewächse	bis 15 cm hoch, viele Blütenglöckchen in einer dichten Traube, weiß, hellblau bis dunkelblau, III-IV	September Oktober 8 bis 12 cm tief	halbschattige Lagen, lockere, humose Böden nicht zu feucht	nach dem Verwildern bildet sich oft ein Blütenteppich, ungestört am Standort belassen
Tulpe *Tulipa* Liliengewächse	bis 50 cm hoch, sehr viele Blütenformen und Farben, III-V	bis Ende September 12 bis 25 cm tief	liebt eher die Sonne, verträgt aber auch halbschattige Lagen, gut durchlässige, nahrhafte Gartenböden	nach dem Einziehen der Blätter herausnehmen und bis zum Einlegen kühl aufbewahren, beim Belassen am Standort abgeblühte Blüte entfernen
Winterling *Eranthis hyemalis* Hahnenfußgewächse	7 bis 15 cm hoch, flächig ausbreitend, Blüte gelb, II-III	September, Oktober 5 bis 7 cm tief	humose, feuchte Böden, kalkhaltig, schattige Lagen	ideal zum flächigen Verwildern

Formen und Farben der Blätter

Schmal, herzförmig, lanzettlich, oval, rund, fingerförmig zerteilt, gesägt, gezackt, glatt, gerandet, doppelt gefiedert – das Blattwerk unserer Schattenstauden weist eine ungeheure Vielfalt auf. Nun ist das Geschick des Gärtners gefragt, diese Elemente gekonnt miteinander zu kombinieren. Ebenfalls muss das Farbspiel der vielen verschiedenen Grüntöne und die unterschiedlichen Blattstrukturen wie Blattadern in die Planung einbezogen werden. Erst das Zusammenspiel von allem lässt stimmungsvolle Gartenbilder im Schattengarten entstehen.

Blattstrukturen

Im Schattengarten stehen nicht die Blüten der Pflanzen im Vordergrund, hier sind vielmehr andere Eigenschaften der Stauden gefragt. Unterschiedliche Formen und Färbungen der Blätter sowie mannigfaltige Blattstrukturen wie beispielsweise das filigrane Netzwerk eines Schildfarnes, die beeindruckenden großen Blätter eines kastanienblättrigen Schaublattes (*Rodgersia*), das wuchtige Erscheinungsbild einer großen blaublättrigen Funkie wie Hosta 'Blue Angel' oder der von der Haselwurz (*Asarum europaeum*) gewebte dichte grüne Bodenteppich kommen im Schatten zur Geltung, Farben spielen zunächst eine untergeordnete Rolle.

Schattenpflanzen zeigen vielfältige Blattformen und Grüntöne.

Dauerhafte Pracht

Im Gegensatz zu den schnelllebigen Blüten der Sommerblumen bleiben die Blattstrukturen und -farben der Schattenstauden über den gesamten Vegetationszeitraum erhalten. Viele im Schatten gedeihende Pflanzen behalten ihre Attraktivität sogar bis in den Winter, da sie zierende Samenstände mit leuchtenden Früchten entwickeln oder mit der Silhouette ihrer vergangenen Blütenstiele noch im Raureif interessant aussehen.

Andere Schattenstauden behalten ihre Blätter bis zum Herbst. Einige besitzen auch wintergrünes Laub. Die Voraussetzung für ihr gutes Gedeihen ist allerdings eine hohe Bodenfeuchtigkeit und eine ausreichende Bodenfruchtbarkeit. Etliche Mitglieder dieser Gruppe haben große, üppige Blätter, mit denen sie bei geringeren Lichtmengen noch ausreichend Photosynthese betreiben können. Bei einem Übermaß an Lufttrockenheit oder Sonneneinstrahlung zeigen sich jedoch schnell Verbrennungen am Blattrand oder auf der Blattoberfläche.

Vielfältiger Blätterwald Blätter von Schattenpflanzen haben immer eine größere Oberfläche, denn Licht ist rar und so versuchen die Pflanzen, die sich an diesen Standort angepasst haben, durch die Größe ihrer Blätter so viel Licht wie möglich einzufangen. Sogar an einem Baum kann man diese Unterschiede beobachten. Im Inneren der Krone sind die Blätter beispielsweise wesentlich größer als außen.

Die überwiegende Zahl unserer prächtig blühenden Gartenpflanzen benötigt dagegen viel Sonne, um ihre Blüten entwickeln zu können. Die meisten Schattenpflanzen können mit ihren Blüten in Größe und Blühdauer nicht mit sonnenhungrigen Stauden konkurrieren, dafür bieten sie eine ungeheure Vielfalt an Farben, Formen und Größen der Blätter.

Blattwunder Ein wahrer Meister in der farblichen Ausbildung der Blätter ist die Funkie (*Hosta*). Vom Austrieb im zeitigen Frühjahr bis zum Abfrieren im Winter verzieren sie mit der Vielfalt ihrer Blätter unsere Gärten. Doch nicht nur Funkien bringen mit ihren Blättern Farbe in den Schatten. Die Purpurwolfsmilch (*Euphorbia amygdaloides* 'Purpurea') hat im Austrieb purpurrote Blätter, die im Lauf des Sommers vergrünen und bei Kälte wieder rot werden. Auch die Neuzüchtungen des unscheinbaren Günsels (*Ajuga reptans*) leuchten mit ihren silber-grünen bzw. roten Blättern. In ihrer Form wohl unübertroffen sind die Blätter der Farne. Mächtige Wedel mit bis zu über einem Meter Länge oder filigrane Blättchen auf nur 15 cm langen Stielen, all das haben die Farne zu bieten. Diese Farben und Formen in der richtigen Kombination ergeben ein eindrucksvolles Gartenbild.

Beeindruckend sind die Blätter des Schaublatts.

Beliebte Funkien-Sorten

Sorte	Höhe	Blattbeschreibung	Blüte
'Albopicta'	60 bis 70 cm	mittelgroß, grün gerandet, Mitte gelb, Unterseite grau, später vergrünend	gelbgrün
'Aureomarginata'	30 bis 60 cm	breit, herzförmig, oval, dunkelgrün mit breitem, gelbem Rand	hell-lila
'Gold Standart'	40 bis 70 cm	hohe Horste mit hellgrünen Blättern, an sonnigeren Plätzen werden die Blätter gelb	hell-lila
'Golden Tiara'	30 bis 50 cm	Blatthorst und Blätter eher klein, hellgrün mit gelben Rand, schön gewellt	hellviolett
'Krossa Regal'	50 bis 60 cm	Blatthorst und Blatt sehr groß, blaugrau, herzförmig, leicht gewellt, aufrecht	lavendelblau
'Lunar Eclipse'	50 cm	Blätter mit goldgelben Rand	hellviolett
'Nakaomi'	50 bis 80 cm	Blätter mattgrün, lanzettlich mit eingesunkenen Blattadern	hellviolett
'Frances Williams'	60 bis 80 cm	Blätter blaugrün mit breitem, goldgelben Rand; sehr beliebte Sorte	weiß
'Sun Power'	40 bis 50 cm	Blätter oval bis herzförmig, goldgelb, Blatt gedreht mit gewelltem Rand	fliederfarben
'Univittata'	30 bis 50 cm	kleinere Blätter, schmales, bis zur Mitte reichendes, weißes Mittelfeld	hellviolett

Mit Blattformen und -farben gestalten

Ein wichtiger Gesichtspunkt bei der Gestaltung ist die Art und Weise, in der man die Eigenschaften der beteiligten Pflanzen miteinander kombiniert. Die Kombination von Pflanzen mit ähnlichen Blattformen kann ebenso reizvoll wirken wie zwei Partner mit völlig verschiedener Blättern, die somit einen auffallenden Formenkontrast bilden, etwa Storchschnabel und Lampenputzergras. Daneben ist auch die Vergesellschaftung von Pflanzen mit unterschiedlicher Blattoberfläche zu empfehlen, zum Beispiel von mattem mit glänzendem Laub. Ein gutes Beispiel hierfür sind etwa zwei Funkien-Arten wie die matt blaublättrige *Hosta sieboldiana* und die glänzend grüne *Hosta lancifolia*.
Und noch ein Tipp: Nebeneinander gesetzte Pflanzen mit der gleichen Blattfarbe sollten sich zumindest in der Blattform unterscheiden. Dagegen können gegensätzliche Pflanzen Kontraste bilden, zum Beispiel stark gefiederte Blätter neben großflächigem Laub.

Schattenpflanzen mit besonderen Blättern

Die schön gelappten Blätter des Frauenmantels (*Alchemilla mollis*) sehen besonders im Morgentau interessant aus. Die Blattunterseiten sind seidenhaarig und silberglänzend. Der Boden sollte idealerweise frisch-feucht sein. Stimmen alle Voraussetzungen, sorgt der Frauenmantel vom Frühjahr bis in den Herbst für dekorative Akzente.

Frisch und farnähnlich sind die Blätter des Lerchensporns (*Corydalis*). Er benötigt durchlässige, humusreiche Erde und gedeiht problemlos im Halbschatten. Ein attraktiver Hingucker ist das mit feinen, silbrigen Tupfen versehen Laub des Lungenkrauts (*Pulmonaria officinalis*). Die länglichen Blätter wirken schon aus weiter Entfernung hell und beleben schattige Situationen.

Andere Blattkünstler Nicht nur Farne bezaubern mit ihrer Blattform. Auch das Schaublatt (*Rodgersia*) kann sich durchaus sehen lassen. Seine bis zu 70 cm hohen Blätter mit einem Durchmesser von 50 cm erinnern sehr an ein Kastanienblatt. Sie wirken sehr dekorativ und entwickeln sich am besten im Halb- bzw. im Vollschatten an Standorten ohne stauende Nässe. Des weiteren gibt es noch das Holunderblättrige-Schaublatt, das wie der Name schon sagt den Blättern des Holunders sehr ähnlich ist, und das Fliederblättrige-Schaublatt. Dieses beeindruckt mit seiner aufrechten, dichten, hellrosa Blütenrispe.

Die imposante Blüte des Schaublatts.

Blattfarben

Allein die in der Natur vorkommenden Grüntöne sind zahllos, etwa vom tiefdunklen Grün einer Eibenhecke bis zum zarten Hellgrün frisch austreibender Farne oder Funkien. Das Blattgrün vieler Pflanzen verändert sich auch im Laufe des Jahres. Meist wird es mit der Zeit dunkler. Ein hoher Anteil Grün im Beet wirkt beruhigend und vermittelnd, auch zwischen problematischen Blütenfarben, die sonst disharmonisch aufeinandertreffen würden.

Gelbe Blätter Gelblaubige Pflanzen lassen eine Rabatte hell und freundlich erscheinen. Besonders schattige Partien kann man durch gelbes oder auch gelbgrünes Laub aufhellen. Unter den Funkien (*Hosta*) finden sich besonders viele Sorten mit gelblichem Laub, mit denen man interessante Kombinationen gestalten kann.

Blaues Laub Blaues Laub findet sich bei einigen Gräsern, deren Farbe man vielleicht besser als graublau oder stahlblau bezeichnen könnte. Auch bei verschiedenen Polsterpflanzen tendiert das meist feine Laub ins Bläuliche. Diese Pflanzen benötigen volle Sonne und eher trockenen Boden. Im Gegensatz dazu haben einige Funkien, zum Beispiel *Hosta sieboldiana*, sehr große, grünlich-blaue Blätter, die wie mit einer Wachsschicht überzogen aussehen. Sie gedeihen am besten in kühlem Schatten. Am besten harmoniert blaues Laub mit Blüten in zarten Farben wie Rosa, Hellblau oder Cremegelb.

Rot und Purpurfarben Rotes und purpurfarbenes Laub ist am schwierigsten zu kombinieren. In größeren Mengen wirkt es leicht düster, besonders wenn noch dunkle Blütenfarben dazu kommen. Am besten kombiniert man es mit gelben, orangefarbenen und leuchtend roten Blütenfarben, wobei das Rot möglichst keinen Blauanteil haben, sondern ins Orange tendieren sollte. Es gibt einige gelungene Beispiele, berühmt ist etwa die rote Rabatte von Hidcote Manor, in der rotlaubige Stauden und

Die Blätter des Lungenkrauts sind mit feinen Punkten gezeichnet.

Dahlien mit weiteren Stauden in glühenden Blütenfarben, vielen Gräsern und dunkellaubigen Gehölzen kombiniert wurden. Rotlaubige Schattenstauden sind der Kriechende Günsel (*Ajuga reptans*), Herbststeinbrech (*Saxifraga fortunei*), Elfenblume (*Epimedium* x *versicolor*) oder die Ligularie 'Desdemona'.

Panaschierte Blätter Panaschiertes Laub bedeutet, dass die Blätter in der Regel weiß, cremefarbig oder gelb gerandet, gestreift oder gefleckt sind. Mit panaschiertem Laub kann man sehr schöne Effekte erzielen, sofern man es sparsam einsetzt. Auch sollte man sich dabei auf einen Farbton beschränken oder zumindest gelbe und weiße Panaschierungen deutlich durch einfarbig grünes Laub trennen. Klar abgegrenzte helle Blattränder, wie sie zum Beispiel bei Funkien häufig anzutreffen sind, wirken auch auf größere Entfernung, während bei zierlichem Laub eher der Eindruck entsteht, das Laub sei insgesamt sehr hell. Helle verwaschene Flecken wie auf den Blättern einiger Lungenkräuter (*Pulmonaria*) oder Taubnesseln (*Lamium*) wirken aber auch schön, wenn sie ausschließlich und in großer Zahl gepflanzt werden.

Interessante Schattenpflanzen

FUNKIE Die meisten Funkien (*Hosta*) sind horstbildend, das heißt, die Blätter gehen scheinbar alle von einer Stelle aus. Der so entstehende Blattschopf kann bei manchen Arten bis zu knapp ein Meter hoch werden. Viele Funkien blühen im Juli bzw. im August. Die sehr anspruchslose Staude kann man problemlos im März durch Teilung vermehren. Es gibt mittlerweile eine fast unüberschaubare Auswahl an Sorten, auch solchen, die schneckenresistent sind.

Auch die Blüten der Funkien können sich sehen lassen.

PURPURGLÖCKCHEN Das Purpurglöckchen (*Heuchera micrantha*) hat einen ca. 20 cm hohen, halbrunden Blattschopf und 50 bis 60 cm hohe Blütenrispen. Von ihm gibt es Sorten mit einer sehr schönen Blattzeichnung. Die Sorte 'Palace Purple' hat beispielsweise schöne bronzerote, seidig glänzende Blätter. Weiters gibt es noch Sorten mit auffallend silbrig grau gezeichneten Blättern. Die Besonderheit dieser anspruchslosen Staude ist, dass sie auch im Winer das Laub behält. Ein ebenerdiger Rückschnitt im Februar bewirkt allerdings einen frischen, schönen Austrieb.

Purpurglöckchen gibt es in vielen Sorten mit interessanten Farben.

GÜNSEL Den Günsel (*Ajuga reptans*) kennen die meisten Gartenfreunde nur als Unkraut im schattig gelegenen Rasen und unter Sträuchern. Neue Züchtungen haben allerdings aus dieser robusten, Ausläufer treibenden Wildstaude eine sehr attraktive Gartenpflanze gemacht. Neben der blauen Blüte, die von April bis

Günsel ist eine robuste und attraktive Gartenpflanze.

Mai erscheint, wirkt vor allem das bunte Laub. Die Blätter gibt es in Purpurrosa mit Weiß, in Purpurrot und in Grün-Weiß.

Besonders atttraktiv ist die Wolfsmilchart *E. amygdaloides*.

WOLFSMILCH Von der Wolfsmilchart *Euphorbia amygdaloides* gibt es Sorten, die durch ihre dunkelrote Belaubung auffallen. Sie ist sehr schattenverträglich und eignet sich durch ihren Wuchs als Bodendecker. Die Triebe werden im Sommer etwas grünlich, verfärben sich jedoch in den kälteren Monaten ins Rote. Die Wolfsmilch verliert auch im Winter ihr Laub nicht. Wie beim Purpurglöckchen bewirkt auch hier ein Rückschnitt im Winter einen frischen Austrieb.

TAUBNESSEL Die Blätter mancher Taubnessel-Sorten (*Lamium*) haben meist eine auffallende, silbrigweiße Zeichnung. Sie sind entweder gefleckt oder silbern mit grünem Rand. Diese Staude eignet sich sehr gut für eine flächige Bepflanzung. Da sie sich sehr stark ausbreitet, duldet sie kaum andere Pflanzen in ihrer Nachbarschaft. Durch den dichten Wuchs schluckt sie auch herabfallendes Laub sehr gut. Die Taubnessel pflanzt man dort, wo anspruchsvollere Pflanzen Probleme bereiten.

Taubnesseln haben nicht nur schöne Blüten.

SCHNEEROSE Alle Christrosen (*Helleborus* spp.) bevorzugen geschützte Standorte in Gehölznähe. Sie können ein sehr hohes Alter erreichen, vorausgesetzt dass sie nicht durch Hacken oder Umpflanzen gestört werden. Die bekanntste Art ist *Helleborus niger*, deren weiße Blüten je nach Schnee- und Höhenlage schon ab November erscheinen. Es sind zahlreiche Gartensorten im Handel erhältlich. Eine Art mit purpurroten Blüten ist die Rote Schneerose (*Helleborus atrorubens*). Sie blüht von Dezember bis in den März.

Ein Blickfang im winterlichen Garten ist die Rote Schneerose.

Faszinierende Farne

Farne zaubern mit ihren eleganten Wedeln rasch eine geheimnisvolle Stimmung in düstere Gartenecken. Man sollte sich das reizvolle Schauspiel nicht entgehen lassen, wenn im April und Mai die Blätter zuerst als kleine Buckel am Farnstock sichtbar werden, um sich allmählich in vollendet schönen Formen zu entrollen. Heute sind uns ca. etwa 11.000 Farnarten bekannt, die in insgesamt 250 Gattungen eingeteilt sind und weltweit vorkommen. Erdgeschichtlich sind sie etwa 400 Millionen Jahre alt. In diesem Rahmen sollen nur einige, für Gärten besonders geeignete Farne aufgezählt werden.

Der Frauenfarn ist anspruchslos und dekorativ.

Pflegemaßnahmen

Als Waldpflanzen fühlen Farne sich im Schatten von Baumkronen besonders wohl. Sie gedeihen nur an luftfeuchten Standorten, an trockenen und sonnigen Stellen können sie sich nicht von selbst vermehren.

Sind Farne im Garten erst einmal angewachsen, gedeihen sie ohne weitere Pflegemaßnahmen. Im Frühjahr zum Austrieb werden lediglich die abgestorbenen Wedel bodennah abgeschnitten.

Die Rhizomköpfe inmitten der Wedeltrichter sind sehr empfindlich gegen Kälte. Werden sie nicht von absterbenden Wedeln, Laub oder Schnee abgedeckt, erfrieren sie leicht. Fehlt eine natürliche Abdeckung, kann man trockenes Herbstlaub oder Reisigzweige über die Pflanzen ausbreiten.

FRAUENFARN Der Gemeine Frauenfarn (*Athyrium filix-femina*) wird etwa 70 cm hoch und hat fein gefiederte, hellgrüne Wedel. Diese anspruchslose Art eignet sich für alle schattigen, ausreichend feuchte Plätze mit Wald- oder Moorboden.

RIPPENFARN Der Rippenfarn (*Blechnum spicant*) wird dagegen nur 10 bis 20 cm hoch und benötigt sehr sauren und feuchten Boden. Die glänzenden Wedel wirken ausgesprochen filigran und bilden sehr dichte Horste. Aufgrund der Standortbedingungen eignet sich dieser Farn für die Pflanzung in Wassernähe und für Heidegärten.

Häufig in unseren Wäldern: der Wurmfarn.

Trichterfarne vermehren sich rasch durch Ausläufer.

WURMFARN Die Gattung der Wurmfarne (*Dryopteris*) umfasst einige sehr schöne Arten für die gärtnerische Nutzung, zum Beispiel den Goldschuppenfarn. Die Sorten dieser Art werden zwischen 30 und 100 cm hoch und sind bei uns weitgehend wintergrün. Sehr bekannt und verbreitet ist der gemeine Wurmfarn (*D. filix-mas*). Diese heimische Art verträgt auch noch etwas Sonne, aber keine Staunässe. Eine weitere attraktive Wurmfarn-Art ist der Rotschleierfarn (*D. erythrosora*). Die breit pyramidalen, glänzenden Wedel haben bis weit in den Winter hinein Bestand. Insgesamt ein sehr empfehlenswerter Farn für den Garten.

TRICHTER- ODER STRAUSSENFARN Innerhalb der Gattung der Straußenfarne (*Matteuccia struthiopteris*) gibt es nur einige wenige Arten, und trotzdem ist der Trichterfarn durchaus erwähnenswert. Die bis zu 1,20 m langen Wedel sind streng zu einem Trichter angeordnet. Dieser Farn vermehrt sich unter anderem auch durch Ausläufer, sodass er für die Begrünung großer Schattenflächen sehr gut geeignet ist.

KÖNIGSFARN Der Königsfarn (*Osmunda regalis*) liebt feuchte Walderde oder Laubkompost und verträgt keine Sonne. Er ist locker, aufrecht wachsend und wird ca. 1,20 m hoch. Eine besondere Sorte ist der Bronzekönigsfarn. Die kupferfarbigen Wedel und die mächtige Erscheinung machen diesen Farn einzigartig.

SCHILDFARN Schildfarne (*Polystichum*) werden je nach Art zwischen 30 und 100 cm hoch. Der Glanzschildfarn zum Beispiel verträgt relativ viel Sonne. Die bei uns verwendeten Schildfarne sind auch im Winter grün, was sie so wertvoll macht.

Königsfarne vertragen keine Sonne.

Schildfarne behalten ihre Blätter auch im Winter.

Filigrane Gräser

Gräser dienen als wüchsige, zum Teil immergrüne Bodendecker. Sie werden meist nur wenig mit Schatten in Verbindung gebracht, da es etliche Arten gibt, die einen sonnigen Standort benötigen. Für schattige Standorte und besonders absonnig gelegene Wasserstellen sind Gräser aber einfach unverzichtbar. Mit ihren dekorativen Blüten und Samenständen und ihrer eleganten Wuchsform sind sie eine Bereicherung für schattige Gartenbereiche. Doch Vorsicht: Einige Wildformen haben ein enormes Ausdehnungsbedürfnis und können in kurzer Zeit zur Plage werden.

Gräser für halbschattige und schattige Standorte

Zittergras (*Briza media*)
Seggenarten (*Carex* spp.)
Morgensternsegge (*Carex grayi*)
Plattährengras (*Chasmanthium latifolium*)
Waldschmiele (*Deschampsia cespitosa*)
Bärenfellschwingel (*Festuca gautieri*)
Schneemarbel (*Luzula nivea*)
Pfeifengras (*Molinia arundinacea*)

Ein filigranes Kunstwerk ist die Morgensternsegge.

TIPP **Um ihre meist elegante, anmutige Erscheinung zu erhalten, bedürfen Gräser eines Rückschnitts. Der erste Schnitt sollte im Frühjahr vorgenommen werden, so kann man sich auch im Winter an den reizvollen Silhouetten der Halme und Fruchtstände erfreuen und sie frieren außerdem nicht so**

SEGGEN Ein schönes Beispiel für die artenreiche Familie der Seggen ist die Morgensternsegge (*Carex grayi*). Sie verträgt durchaus auch sumpfige Standorte an Wasserrändern und im Halbschatten. Imposant wirkt die Riesen- oder Pendelsegge (*C. pendula*). Sie wird über einen Meter hoch und wächst überhängend, gedeiht am besten auf kalkarmen, leicht sumpfigen Böden in Solitärstellung oder in der Nachbarschaft von Funkien. Auch andere Seggen gedeihen gut im Schatten. Die Schattensegge (*C. umbrosa*) wächst auf feuchten, humosen Böden in Kombination mit Gehölzen, Schattenstauden und Zwiebelpflanzen. Die Breitblattsegge (*C. plantaginea*) kann man als wintergrünen Bodendecker im Schatten verwenden.

SCHMIELEN UND MARBELN Eine attraktive Grasart für den Schatten ist die Waldschmiele (*Deschampsia cespitosa*). Dieses ca. 50 bis 60 cm hohe Gras wuchert nicht, eignet sich zur Bepflanzung von Gehölzrändern und hat auch im Winter hohen Zierwert. Ihre Blütenrispen ähneln im Gegenlicht einer Fontäne.

Die Schneemarbel (*Luzula nivea*) ist ein Binsengewächs und wird etwa 40 bis 60 cm hoch. Sie hat interessante doldige, weiße Blütenstände, ist wintergrün, wächst im vollen Schatten und hält auch dem Wurzeldruck der Bäume stand.

Die Waldmarbel (*L. sylvatica*) ist ebenfalls wintergrün. Ihre 1 cm breiten und 30 cm langen Blätter sind am Rand dicht bewimpert. Etwas kleiner ist dagegen die Haarmarbel (*L. pilosa*). Sie bildet viele lockere, über 20 cm hohe Büschel mit Ausläufern.

Viele Sumpfgräser vertragen zum Teil auch halbschattige Lagen. Am besten, man experimentiert ein wenig.

Die zarten Marbeln kommen vor den Funkien schön zur Geltung.

Schneemarbeln gedeihen auch unter Bäumen.

Wuchsformen von Gräsern

Man kann bei Gräsern zwei Wuchsformen unterscheiden: Horstbildende und Ausläufer treibende Formen. Geschlossene Horste entstehen, wenn sich die Gräser an der Halmbasis sehr stark verzweigen, wodurch zahlreiche dicht neben- und übereinander stehende Seitentriebe heranwachsen.
Bei den mehrjährigen Arten bilden sich die Seitentriebe zu Kriechtrieben um und breiten sich dicht über oder unter der Erdoberfläche aus. So entsteht mit der Zeit ein weitläufiger, zusammenhängender Rasen. Diese Eigenschaften spielen für die Artenzusammenstellung nicht nur in einer Rasenfläche eine Rolle.

Blühende Schattengärten

Während in sonnigen Gärten lediglich die Blütenfarben als solche aufeinander abzustimmen sind, muss man sich im Schatten ganz anders mit Farben und Formen auseinandersetzen. Hier herrschen eigene Gesetzmäßigkeiten, da die speziellen Lichtverhältnisse eigene Effekte erzeugen. Wie wirkt beispielsweise eine Farbe, wenn kein direktes Licht auf sie fällt? Welche Farben erzeugen selbst im Dunkel Helligkeit? Geschickt platziert, bringen Pflanzen mit hellen Blüten Licht selbst in dunkle Ecken. Auch Pflanzen mit hellem Blattwerk leisten einen Beitrag zur Aufhellung. Sie reflektieren Licht und sorgen für eine freundliche, romantische Atmosphäre. Auch hier gilt: Die besten Anregungen bietet die Natur selbst.

Stauden im Schattengarten

Die meisten Schattenstauden zeichnen sich durch eher sanfte Blütenfarben aus, die vor dem dunklen Hintergrund der Gehölze aber besonders gut zur Geltung kommen. Auch die Einzelblüten sind in der Regel eher klein, dafür zahlreich an üppigen Blütenständen. Sie bilden einen wunderschönen Kontrast zum derben Laub von Funkien und anderen Blattschmuckstauden.

Besonders eindrucksvoll, schon allein durch seine Höhe von 2 m, ist der Wald-Geißbart (*Aruncus dioicus*), über dessen Fiederblättern sich ab Juni Unmengen cremeweißer Blütenrispen erheben. Zierlicher und kleiner, aber ähnlich vom Aufbau her, ist die Prachtspiere (*Astilbe*).

Stauden für den Halbschatten

Im wandernden Schatten vor hohen Gehölzen fühlen sich zahlreiche Stauden wohl, besonders diejenigen, die frischen, humosen Boden benötigen. Die Erde an halbschattigen Standorten trocknet in der Regel nicht so rasch aus wie in der vollen Sonne. Gut zur Geltung kommen hier zartfarbige Blütenstauden wie Schneefelberich (*Lysimachia clethroides*) und die hübsche Dreiblattspiere (*Gillenia trifoliata*), die durch bunte Fabtupfer von Akelei (*Aquilegia vulgaris*) und Himmelsleiter (*Polemonium foliosissimum*) ergänzt werden. Im Vordergrund breiten sich die Schaumblüte (*Tiarella cordifolia*) und Purpurglöckchen (*Heuchera*) zu flachen Teppichen aus. Der vielseitig einsetzbare Riesen-Schuppenkopf (*Cephalaria gigantea*) überragt eine Pflanzung im Hintergrund mit seinen zartgelben Blüten.

Eine imposante Staude ist der Wald-Geißbart.

SCHWERE BÖDEN Halbschattige Standorte mit schweren, undurchlässigen Böden gelten als schwierig zu bepflanzen. Doch steht auch für solche Plätze eine ausreichende Zahl an Stauden für ansprechende Pflanzungen zur Verfügung. Ligularien (*Ligularia*) zeichnen sich nicht nur durch auffallende gelbe Blütenkerzen aus, sondern besitzen auch dekoratives Laub. Bei *Ligularia przewalskii* ist es handförmig geschlitzt und wirkt dadurch eher filigran, während das von *Ligularia dentata* derb und tellerförmig mit gezacktem Rand ist. Halbschatten und frischen Boden liebt auch der rosa blühende Wasserdost (*Eupatoium purpureum*), mit seinen über 2 m Höhe nicht gerade ein Zwerg. Etwas kleiner bleibt der weiß blühende, runzelblättrige Wasserdost (*Eupatorium rugosum*). Beide Arten kommen am besten zur Geltung, wenn sie große geschlossene Bestände bilden können. Taglilien (*Hemerocallis*) sind zwar Sonnenkinder, kommen aber auch im Halbschatten gut zurecht und stellen auch an den Boden keine besonderen Ansprüche.

Blühpflanzen für den Schatten

Name	Blüte	Wuchs	Besonderes	Nachbarn
Akelei (*Aquilegia vulgaris*)	V-VI rosa, blau, weiß,	40 bis 80 cm, aufrecht	sehr beliebte Gartenstaude für den Halbschatten	Purpurglöckchen, Gedenkemein, Nesselglockenblume
Dreimasterblume (*Tradescantia*)	VI-VIII weiß, rosa, lila, blau	40 bis 50 cm, locker aufrecht	ebenerdiger Rückschnitt im Winter, lang blühende, dankbare Staude	Prachtspiere, Mädesüß, Trollblume
Duftveilchen (*Viola odorata*)	III-IV dunkelviolett	15 cm, polsterartig	keine besonderen Ansprüche, süßlich duftend	Schneeglöckchen, Frühlingsanemonen, Frühlingsplatterbse
Gedenkemein (*Omphalodes*)	IV-V, himmelblau	10 cm	sehr anspruchslos, für jeden Gartenboden, bodendeckende Kleinstaude	Tränendes Herz, Frauenfarn, Anemonen
Herbstanemone (*Anemone japonica*)	VIII-X, rosa, rot, weiß	60 bis 80 cm	sehr reich blühend, anspruchslos, Rückschnitt im Winter	Funkien, Aronstab, Farne, Gräser
Jakobsleiter (*Polemonium*)	V-VII, blau	30 cm hoch	ebenerdiger Rückschnitt im Winter, anspruchslos	Lerchensporn, Purpurglöckchen, Primeln
Leberblümchen (*Hepatica nobilis*)	III-IV meist blau	10 bis 15 cm , buschig	neue Blätter erst nach der Blüte, anspruchslos	Cyclamen, Gedenkemein, Schneerose
Primeln	je nach Art III-V alle Farben	15 bis 50 cm,	sehr viele Schatten liebende Arten, meist anspruchslos	vielseitig kombinierbar, auch mit Zwiebelpflanzen
Scharlachfuchsie (*Fuchsia magellanica*)	VI-X leuchtend rot	bis 120 cm, leicht überhängend	ebenerdiger Rückschnitt im Spätherbst, dann guter Winterschutz	mit Nadelgehölzen
Ziererdbeere (*Fragaria*)	V-XI rosa dunkelrosa, weiß	10 cm Polster	wohlschmeckende Frucht, im Frühling düngen	als bodendeckende Unterpflanzung zu höheren Stauden

Dichte Blütenteppiche

Der Begriff Bodendecker umfasst keine exakt einzugrenzende Pflanzengruppe. Bei Bodendeckern handelt es sich in der Regel um Pflanzen, von denen sich viele an ein Leben im Schatten angepasst haben. Sie breiten sich dicht über dem Boden flächig aus und bilden eine mehr oder weniger geschlossene Laubdecke.

Bodendecker haben gleich mehrere Vorteile. Sie eignen sich besonders für mehr oder weniger große Schattenflächen, die möglichst sich selbst überlassen bleiben sollen. Der Grund ist, dass sie eine wirksame Hilfe bei der Unterdrückung von unerwünschten Pflanzen darstellen. Wurde der Boden vor der Bepflanzung gründlich von Wurzelunkräutern wie Giersch, Quecke oder Winde befreit, wird man nur noch wenig Arbeit mit ihnen haben. Bis sich die Pflanzendecke geschlossen hat, können die Lücken mit Rindenmulch bedeckt werden.

Wildwuchs bremsen

Die meisten Bodendecker neigen zum Wuchern. Aus diesem Grund sollten sie hauptsächlich in begrenzten Beeten verwendet werden. Wo dies nicht der Fall ist, muss ausreichend Platz vorhanden sein. Eine weitere Möglichkeit ist, eine Wurzelschutzbahn in den Boden einzugraben. Auf diese Art können die Pflanzen problemlos im Zaum gehalten werden.

Die richtige Pflanzung

Bodendecker wachsen unterschiedlich, daher benötigt jede Art ihre eigenen Pflanzabstände,

Immergrün wächst rasch und zeigt attraktive Blüten.

Die Waldsteinie ist ein anspruchsloser Flächendecker.

zu dicht pflanzt, werden sich schon nach zwei bis drei Jahren unschöne Stellen im Pflanzenteppich bilden, da sich die Pflanzen gegenseitig bedrängen. Es ist ratsam, sich schon beim Kauf über die Pflanzabstände der einzelnen Bodendecker zu informieren.

Pflege Wurden die Pflanzen standortgerecht ausgewählt und sorgfältig gepflanzt, wachsen sie innerhalb von zwei bis drei Jahren zu einer geschlossenen Pflanzendecke zusammen. Danach muss man in der Regel nicht mehr viel tun.

Sie pflegen sich gewissermaßen selbst, da unter dem geschlossenen Blätterdach keine Konkurrenz aufkommt und auch die Erdkrume feuchter, feinkrümeliger und wärmer bleibt als in der Umgebung.

Eine gut vorbereitete und durchdachte Pflanzung wird in kurzer Zeit so dicht, dass Maßnahmen wie Mulchen oder Jäten überflüssig werden. Der Pflegeaufwand reduziert sich auf ein Minimum.

Blühende Flächendecker zum Verwildern

Beinwell (*Symphytum officinale*)
Sorten mit cremweißen Blüten, Juni bis August, zum Verdrängen anderer, unerwünschter Pflanzen.
Elfenblume (*Epimedium*)

Elfenblume (*Epidemium*)
Blüte je nach Art rosa und gelb, April bis Mai; buschiger, dichter Wuchs, einige Sorten haben eine interessante Blattfärbung. Nachbarn: Farne, Schattengräser, Anemonen.

Goldnessel (*Lamium galeobdolon*)
Blüte gelb, Mai bis Juni, Ausläufer treibend und Rasen bildend, 20 cm hoch. Nachbarn durch den großen Ausbreitungsdrang kaum möglich.

Günsel (*Ajuga reptans*)
Blüte blau, April bis Mai, wuchert sehr stark, mattenartig. Nachbarn: Waldsteinie, Schaumblüte.

Immergrün (*Vinca*)
Blüte blau, April bis Mai, starkwüchsiger Flächendecker, Ranken bildend, wächst auch noch direkt unter Bäumen. Nachbarn: Waldsteinie, Farne und Gräser.

Scharbockskraut (*Ranunculus ficaria*)
Blüte gelb, März bis April, Knollen bildend, Blätter ziehen nach der Blüte bald ein. Nachbarn: verwildernde Zwiebelpflanzen.

Waldanemone (*Anemone sylvestris*)
Blüte weiß, Mai bis Juni, Ausläufer treibend, kann lästig werden. Nachbarn: Storchenschnabel-Arten, Türkenbundlilie, Gedenkemein.

Waldsteinie (*Waldsteinia*)
Blüte gelb, April bis Mai, 20 cm hoher wertvoller Flächendecker, sehr anspruchslos, Nachbarn: Kaukasus-Vergissmeinnicht, Lungenkraut.

Blüten, Blüten, Blüten...

Neben den blattzierenden Pflanzen und den Zwiebelpflanzen gibt es eine ganze Reihe von Blütenstauden, die im wahrsten Sinne des Wortes ein Schattendasein führen. Anemonen, Primeln, Lungenkraut und bestenfalls noch der Lerchensporn sind uns ja bekannt. Aber wer kennt schon die Frühlingsplatterbse, eine blau und rosa blühende, bezaubernde, 20 cm hohe Waldstaude für Naturgärten. Im Folgenden finden Sie einige weniger bekannte Blütenstauden für schattige und halbschattige Standorte.

ENGELWURZ Die Engelwurz (*Angelica*) aus der Familie der Doldenblütler ist uns, wenn überhaupt, aus der Naturheilkunde bekannt. Aus ihren fleischigen Wurzeln werden Extrakte für Kräuterschnäpse gewonnen. Mit einer Wuchshöhe von eineinhalb Metern und ihren großen, kugeligen, gelbgrünen Blütendolden wirkt diese Staude sehr imposant. Nach ihrer Blüte im Juni bis August zieht die Pflanze völlig ein. Sie eignet sich auch als eine gute Solitärstaude in Teichnähe.

BERG-FLOCKENBLUME Die Berg-Flockenblume (*Centaurea montana*), auch Kornblume genannt, ist uns meist von sonnigen Standorten bekannt. Sie ist aber in Wirklichkeit eine Schatten liebende Art, die nur nicht als solche bekannt ist. Sie wird 30 bis 40 cm hoch und blüht blauviolett. Eine besonders wertvolle Rabattenstaude für Naturgärten!

MARIENFRAUENSCHUH Eine wahre Liebhaberpflanze ist der bei uns heimische, streng unter Naturschutz stehende, Marienfrauenschuh (*Cypripedium calceolus*) . Er darf nur aus gärtnerischen Beständen erworben werden. Wenn

Flockenblumen gedeihen auch im Schatten.

Der Marienfrauenschuh ist streng geschützt.

er erst einmal an geschützten, schattigen Plätzen angesiedelt ist, möchte er ungestört bleiben. Der Boden soll nicht gedüngt werden und ein leichter Winterschutz mit einer Abdeckung aus Fichtennadeln ist durchaus ratsam. Ein Muss für jeden erfahrenen Gartenliebhaber!

TIGERGLOCKE Die Tigerglocke (*Codonopsis*) oder Glockenwinde ist eine anspruchsvolle Staude. Die hellblauen Blüten sind 2 cm lang, nickend und befinden sich einzeln am Blütenstiel. Die Pflanze wird 30 cm hoch und bevorzugt humos-sandige, feuchte Böden. In Gesellschaft mit niedrigen Farnen wirkt sie besonders gut.

Der heimische Schwalbenwurzenzian wurde auch in Gartensorten gezüchtet.

SCHWALBENWURZENZIAN Ähnlich wie der Marienfrauenschuh ist auch der Schwalbenwurzenzian (*Gentiana asclepiadea*) bei uns heimisch und geschützt – aber bei weitem nicht so anspruchsvoll. Die 40 bis 60 cm hohe Pflanze blüht von Juli bis August und eignet sich für Staudenbeete in Kombination mit Türkenbundlilie, Farnen und Gräsern.

SÜßDOLDE Die Süßdolde (*Myrrhis odorata*) ist besonders dekorativ durch ihre farnartige Gestalt. Die Blüte ist weiß und in lockeren Dolden angeordnet. Nach der Blüte von Mai bis

Die Süßdolde ist eine Gewürz- und Gemüsepflanze.

Juni zieren schwarzbraune, glänzende Samen, die auch als Gewürz verwendet werden, diese seltene Wildstaude.

SCHATTENBLUME Die Blätter der Schattenblume (*Smilacina racemosa*) erinnern an jene des Salomonsiegels. Die weißen, 15 cm langen Blütenrispen sitzen am Ende der Blattstiele. Gesamt wird die Pflanze etwa einen Meter hoch und eignet sich als Rabattenstaude unter Gehölzen in Kombination mit großen Farnen und der Silberkerze.

Die zierlichen Blüten der Schattenblume erscheinen im Mai.

Wildpflanzen im Schattengarten

Heimische Wildpflanzen eignen sich ideal zur Unterpflanzung von Hecken aus ebenfalls heimischen Gehölzen. Es muss aber bedacht werden, dass ein Teil dieser Stauden oft bereits im Frühsommer verblüht ist und diese sich dann in ihre unterirdischen Organe zurückziehen. In der Regel endet die Blütezeit vieler heimischer Schattenstauden mit dem Beginn des Hochsommers und es verbleiben dann Lücken, in denen sich schnell nicht erwünschte Pflanzen ausbreiten.

TIPP **Einheimische Wildpflanzen blühen meist nur einmal und bilden dann rasch Samen. Die Blütezeit von manchen lässt sich mit einem Trick verlängern: Man schneidet die Blüten beim Aufblühen ab. Sie werden dann zu einer zweiten Blüte ansetzen.**

Schön, aber giftig: das Salomonssiegel.

Den Boden vorbereiten

Der in der Regel höhere Nährstoffgehalt von Gartenböden führt dazu, dass Wildstauden ihr Erscheinungsbild verändern. Dies kann die Blütenfarbe und die Größe betreffen. Oft kommen auch noch ein verstärktes Wachstum und ein stärkerer Ausbreitungsdrang hinzu. Vor der Auspflanzung sollte also der Boden entsprechend vorbereitet werden. Durch mehrmaliges Eingraben von Herbstlaub in die obere Bodenschicht kann die Bodenstruktur dem Waldboden angepasst werden. In der Regel benötigt es drei Jahre, bis der Boden die richtige Beschaffenheit hat und Wildstauden ausgepflanzt werden können.

Naturnahe Schattenpflanzungen

Gelungenen Schattenpflanzungen, die möglichst naturnah wirken, sieht man die planende Hand des Gärtners nicht an. Anordnung und Gruppierung der Stauden erscheinen vielmehr rein zufällig. An Bäumen und Gehölzgruppen sollten keine Erziehungsmaßnahmen sichtbar sein. Je größer die zur Verfügung stehenden Flächen, umso besser gelingt das Szenario. Solche Pflanzungen lassen sich am ehesten in großen, alten Gärten mit altem Baumbestand realisieren. Dort findet sich meist auch der passende Boden. Steht nur wenig Platz zur Verfügung, bietet sich eine Kombination aus Wildnis und Ordnung an.

WILDPFLANZEN IM JAHRESLAUF
Mit zu den schönsten Wildpflanzen im Frühjahr gehören die Frühlingsplatterbse (*Lathyrus vernus*)

mit ihrem berückenden Farbspiel von Blau bis Pink; das goldgelbe Schöllkraut (*Chelidonium majus*), die zartblaue Himmelsleiter (*Polemonium*), die Akelei (*Aquilegia*), die rosa Waldlichtnelke (*Silene dioica*), die grüngelbe Mandelblättrige Wolfsmilch (*Euphorbia amygdaloides*), das sattblaue Lungenkraut (*Pulmonaria*), die lichtgelbe Waldschlüsselblume (*Primula elatior*) und das elegante Salomonssiegel (*Polygonatum odoratum*). Im Sommer erscheinen der üppige und unübersehbare Waldgeissbart (*Aruncus dioicus*), der zierliche Dunkle Storchschnabel (*Geranium*), die weiße Ährige Rapunzel (*Phyteuma spicatum*) mit den charakteristischen dunklen Blattflecken, die attraktive Bergflockenblume (*Centaurea montana*), das leuchtend gelbe Pfennigkraut (*Lysimachia nummularia*), das äußerst attraktive Immenblatt (*Melittis melissophyllum*), die bleiche Mondviole (*Lunaria rediviva*), der wuchernde Waldziest (*Stachys sylvatica*), der Frauenmantel (*Alchemilla*) und das blau blühende Immergrün (*Vinca*). Im Herbst blüht die hübsche Sterndolde (*Astrantia*), der aufstrebende Odermennig (*Agrimonia eupatoria*) mit seinen ausgefallenen Samen, die Wiesenraute (*Thalictrum*), die Nesselblättrige Glockenblume (*Campanula trachelium*), das leuchtende Waldhabichtskraut (*Hieracium sylvaticum*), der zierliche Hasenlattich (*Prenanthes purpurea*) oder die Wald-Engelwurz (*Angelica sylvestris*).

Gelungene Pflanzung mit Wildstauden.

TIPP **Soll der Standort ohne aufwändige Bodenbearbeitung gestaltet werden, bietet sich bisweilen auch eine Mischpflanzung von Wildarten und Kulturformen an. Solche Mischpflanzungen stellen weniger Ansprüche an den Nährstoffgehalt und die Struktur des Oberbodens.**

Heimische Blütenstauden für den Schatten

Name	Blütezeit	Blütenfarbe
Ährige Teufelskralle (*Phyteuma spicatum*)	Mai bis Juli	weiß
Blutwurz (*Potentilla erecta*)	Juni bis August	gelb
Finger-Zahnwurz (*Dentaria pentaphyllos*)	April bis Mai	violett
Knotige Braunwurz (*Scrophularia nodosa*)	Juni bis August	braunrot
Knotiger Storchenschnabel (*Geranium nodosum*)	Mai bis September	blassrot bis violett
Langblättriges Hasenohr (*Bupleurum longifolium*)	Juli bis August	gelb
Osterluzei (*Aristolochia clematitis*)	Mai bis Juni	gelb
Rundblättriger Steinbrech (*Saxifraga rotundifolia*)	Juni bis September	weiß, rot, gelb
Schwarzfrüchtiges Christophskraut (*Actaea spicata*)	Mai bis Juli	weiß
Wald-Storchenschnabel (*Geranium silvaticum*)	Juni bis August	violett
Wald-Vergissmeinnicht (*Myosotis silvatica*)	Mai bis Juli	blau
Zwiebel-Zahnwurz (*Dentaria bulbifera*)	Mai bis Juni	violett oder weiß

Mit Pflanzen aufhellen

Im Schatten geht es nicht allein nur darum, Ordnung in die Bepflanzung zu bekommen, sondern mit hellen Farben das eintönige Grün zu unterbrechen. Vor allem an stark bewölkten Tagen, in der Abenddämmerung und im Gegenlicht der Sonne wirken einfarbig grüne Pflanzen sehr dunkel und man kann nur mehr die Silhouetten der Blätter wahrnehmen. Für die bessere Strukturierung dieser Bereiche braucht man Blütenstauden, die auch im Schatten gut gedeihen. Dabei geht es in erster Linie nicht um die Einzelblüten, sondern fast nur um deren aufhellende Wirkung. Hierfür eignen sich Pflanzen mit großen Blütenständen sehr gut. Am besten setzt man die Stauden in größeren Gruppen, um den Effekt zu steigern.

Blütenfarben im Schatten

Farben müssen in schattigen Bereichen den Mangel an Licht ersetzen. Hier sind vor allem helle Blütenfarben eine Hilfe. Aufhellend wirken beispielsweise die Schaumblüte (*Tiarella cordifolia*) mit ihren zierlichen, cremeweißen Blütenkerzen, die Herbstanemone (*Anemone*), je nach Sorte sind die Blüten weiß, rosa oder rot, oder Schneeball-Arten (*Viburnum*) mit den weißen Blütenständen. Weiße Blüten eignen sich gut, da sie selbst den kleinsten Lichtstrahl reflektieren: zum Beispiel das Maiglöckchen (*Convallaria majalis*) oder der Echte Salomonssiegel (*Polygonatum odoratum*).

Auch Pastelltöne und warme Farben wie Rot und Gelb leuchten im Schatten und erzeugen eine gewisse Spannung. Besonders gut zur Geltung kommen sie vor einer Kulisse aus rötlichem Laub.

Problematisch für schattige Bereiche sind Blütenfarben wie Dunkelblau und Blauviolett. Ohne direktes Sonnenlicht heben sich diese Farben nur schlecht vom Untergrund ab. Im Folgenden eine Auswahl geeigneter Schattenpflanzen:

Weiße Blüten hellen dunkle Ecken auf.

Gelungene Kombination für schattige Bereiche: Lerchensporn und Waldgeißbart.

Herbstanemone Herbstanemonen (*Anemone hupehensis*) werden je nach Sorte etwa 60 bis 80 cm hoch und sind sehr üppig blühend. Die Blütezeit reicht von August bis Oktober. Gruppenweise ausgepflanzt, erreicht man vor allem mit weiß blühenden Sorten eine gute, aufhellende Wirkung. Es gibt sie auch in den Farben Rosa und Rot.

Waldgeissbart Diese bei uns heimische Wildstaude wird bis zu 180 cm hoch. Sie hat mächtige, etwa 50 cm lange, cremeweiße Blütenstände. Der Waldgeißbart (*Aruncus sylvestris*) blüht, wie sein zweiter Name schon sagt, um die Zeit der Sommersonnenwende (21. Juni). Er eignet sich gut für große Gärten zur Bepflanzung von Gehölzrändern und gedeiht auf feuchten, nordseitigen Hanglagen.

Prachtspiere Wo der Platz für den Geißbart nicht reicht, kann die Prachtspiere (*Astilbe*) gepflanzt werden. Sie wird nur 70 bis 100 cm hoch und hat schöne, 30 cm lange Blütenrispen in den Farben Rot, Violett, Rosa und Weiß. Zum Aufhellen empfehlen sich natürlich die Farben Weiß und Rosa ganz besonders. Die Blütezeit dauert von Juli bis September.

Silberkerze Von ihrer Wuchsform passt die Silberkerze (*Cimicifuga racemosa*) zu Geißbart und Prachtspiere. Je nach Art wird diese Pflanze 1 bis 2 m hoch. Die ca. 40 cm langen, reinweißen Blütenrispen zeigen sich von August bis Oktober. Die Silberkerze ist eine sehr wertvolle Gruppenstaude und eignet sich besonders zur Pflanzung vor Gehölzgruppen.

Tränendes Herz Zu den Herbstblühern bildet das Tränende Herz (*Dicentra spectabilis*) mit der spektakulären Blüte von Mai bis Juni eine schöne Ergänzung. Diese 50 bis 60 cm hohe Staude zieht nach der Blüte ein.

Wachsglocke Die Wachsglocke (*Kirengeshoma palmata*) ist eine etwas ausgefallene Schattenstaude, sollte aber in diesem

Die Silberkerze blüht spät im Jahr.

Zusammenhang unbedingt angeführt werden. Die 60 bis 80 cm hohe Pflanze beeindruckt mit ihren gelben, glockenförmigen Blüten, die in Trugdolden angeordnet sind. Die Blütezeit reicht von August bis September. Die Wachsglocke lässt sich schön mit Schaublatt, Anemonen und Silberkerze kombinieren.

Schaumblüte Die Schaumblüte (*Tiarella*) wird 20 bis 25 cm hoch und eignet sich hervorragend als Bodendecker unter Bäumen. Von April bis Mai entfalten sich ihre unzähligen Blütentrauben und überziehen den Boden mit einem weißen Schleier. Als Nachbarpflanzen eignen sich Astilben, Anemonen und niedrige Schattengräser.

Schaumblüten sind anspruchslose Bodendecker im Schatten.

Wegrand im Schatten

Wege gliedern den Garten nicht nur optisch, sie laden zum Begehen und Erkunden der einzelnen Gartenbereiche ein. Die Wegführung und auch der Belag sollten daher besonders in schattigen Bereichen sorgfältig geplant werden. Hier sind es die leisen Töne, die eine besondere Atmosphäre schaffen, Blattformen und -strukturen, das harmonische Miteinander der Pflanzen, der Steine des Wegbelags und der Begrenzungen.

Die Bepflanzung der Randzonen ist sicherlich eine kleine Herausforderung. Hier einige Tipps: Ganz nahe entlang des Wegrandes beginnt man mit niedrigen Stauden wie Purpurglöckchen, Lungenkraut, kleinen Funkien-Arten und niedrigen Farnen. Setzt man diese Stauden nicht zu dicht, finden auch noch Zwiebel- und Knollenpflanzen Platz.

Hat man in der Tiefe viel Platz, kann man zuvor noch Bodendecker wie Günsel, Lerchensporn, Elfenblume oder Immergrün pflanzen.

Schöne Wegbegleiter

Walderdbeeren am Wegesrand laden den Besucher auch zum Naschen ein. Herbstanemonen gehören nicht direkt an den Wegrand, da nach einem schweren Regen die Blüten oft in den Weg hängen. In den hinteren Reihen kann man sich dagegen mit allen hohen und wuchernden Stauden austoben. Bestens geeignet sind Schaublatt, hohe Farne, Astilben und Silberkerze. An feuchten Plätzen gedeiht Greiskraut und zum Verwildern eignet sich der Waldgeißbart. Es muss freilich keine Mischung aus vielen verschiedenen Pflanzengattungen sein. Auf kurzen, beschatteten Wegstücken kann man zum Beispiel auch ausschließlich unterschiedliche Farne oder eine Mischung aus Funkien einpflanzen. Kurzum, der Phantasie sind keine Grenzen gesetzt.

Der richtige Wegbelag

In schattigen Gartenteilen kommt es durch die gleichmäßige Luftfeuchtigkeit schnell zur Algen- und Moosbildung. Besonders Wegbeläge aus glattem Material können schon kurze Zeit nach dem Verlegen mit einer dünnen, rutschigen Schicht überzogen sein.
In schattigen Lagen sind daher Materialien mit rauen, kleinteiligen Oberflächen wie Natursteinpflaster besser geeignet.

Bodendecker Neben spektakulären Blattschmuckstauden wie Funkien und Tafelblatt sind es vor allem auch immergrüne Bodendecker wie Elfenblume, Ysander und Golderdbeere, die als Wegbegleiter durch schattige Gartenregionen unersetzliche Dienste leisten. Besondere Akzente setzen die schattenverträglichen Silberkerzen und Waldglockenblumen, die mit ihren hohen Blütenrispen aus dem grünen Meer der Bodendecker herausragen.

In vollschattigen Lagen, beispielsweise bei einem Durchgang zwischen zwei Gebäuden, sind Farne die idealen Wegbegleiter.

Licht in den Schatten bringen

Neben den Pflanzen kommt auch den sonst im Garten verwendeten Materialien beim Spiel mit dem Licht eine ganz wichtige Rolle zu. Rindenmulch als Bodenbelag sorgt beispielsweise für eine eher düstere Stimmung. Wege mit hellen Kieselsteinen oder einem anderen hellen Belag ziehen sich dagegen wie ein Lichtband durch den Schatten. Doch Vorsicht: Dies kann sehr befremdlich wirken, wenn man die hellen Farben nicht in irgendeiner Form in der Randbepflanzung aufnimmt. Es empfiehlt sich dann Pastelltöne in die Pflanzung einzufügen und mit dunkelgrünen Tönen zu durchsetzen.

Bei einer größeren Fläche wie beispielsweise einem Sitzplatz kann der helle Bodenbelag dagegen auch als einzelner heller Fleck gut wirken.

Dunkle Ecken aufhellen

Mauern oder Gebäude reflektieren das Sonnenlicht, vorausgesetzt sie haben einen sehr hellen Anstrich. Ein heller oder farbiger Maueranstrich lässt auch die düsterste Ecke gleich viel freundlicher erscheinen und bringt sofort mehr Farbe ins Gartenleben. Diesen Effekt kann man durchaus nützen, wenn man eine Wand, welche bisher dunkel gestrichen war, beispielsweise weiß einfärbt.

Darüber hinaus gibt es weitere attraktive Möglichkeiten, Licht in den Schatten zu bringen: ein Sprudelstein, eine künstliche Quelle oder ein kleiner Schattenteich reflektieren das Licht und sorgen für interessante Effekte. Auch mit Accessoires oder einem Spiegel lassen sich düstere Ecken optisch aufhellen. Besonders zur Aufhellung kleiner Bereiche eignet sich ein Spiegel, der das Sonnenlicht in die gewünschte Richtung lenkt und den Bereich zusätzlich optisch vergrößert. Doch nicht nur Spiegel reflektieren das Licht sehr gut, auch gewöhnliches Glas erfüllt diesen Zweck. Beim Bau eines Wintergartens kann dieser Aspekt unter Umständen mit in die Planung einbezogen werden.

Bäume und Sträucher auslichten

Nach einigen Jahren werden ausgepflanzte Bäume und Sträucher oft zu groß und zu dicht, sodass darunter die Bepflanzung immer spärlicher wird und große Gartenbereiche im Schatten liegen. Ein gezieltes Auslichten von Baumkronen bringt wieder Licht in den Schatten. Dabei ist ein grober Rückschnitt oft gar nicht notwendig. Es genügt in der Regel, die untersten Astreihen zu entfernen, um eine bessere Sonneneinstrahlung zu ermöglichen. Das schafft nicht nur mehr Licht, sondern auch Raum.

Fällen oder nicht?

Wo man sich mit dem bestehenden Schatten überhaupt nicht arrangieren kann, hilft nur mehr das Fällen zu groß gewordener Gehölze bzw. Bäume. Dieser Schritt sollte jedoch reiflich überlegt sein, weil es um ein vielfaches mühsamer ist, nicht vorhandenen Schatten zu schaffen, als ihn zu beseitigen. Doch vielleicht ist ja gerade dieser Schattenspender der geeignete Ort für einen schönen Sitzplatz im Sommer.

Der Wasser-garten

Eine Wasserstelle, in welcher Form auch immer, sollte in keinem Garten fehlen. Vom kleinen Brunnen bis zum Schwimmteich ist (beinahe) alles möglich. So klein kann ein Garten gar nicht sein, als dass nicht irgendwo noch ein Miniteich oder ein Wandbrunnen Platz findet. Und sei es nur ein Gefäß, das mit Wasser befüllt und mit Wasserpflanzen bepflanzt einen interessanten Blickfang abgibt. Wasser lässt sich auf viele verschiedene Arten in Szene setzen. Hier sind Ihrer Phantasie kaum Grenzen gesetzt. Selbst der Standort ist nicht wirklich maßgeblich – von der prallen Sonne bis zum tiefsten Schatten, überall findet sich eine Möglichkeit, eine Wasserstelle zu gestalten.

Wasser im Garten

Schattige Bereiche im Garten vermitteln mit ihrem gedämpften Licht Geborgenheit und eignen sich daher gestalterisch besonders für das Element Wasser. Zudem kann durch die Schaffung eines neuen Lebensraumes zusätzlich für eine größere Vielfalt an Pflanzen und Tieren im Garten gesorgt werden. Dabei spielt es keine Rolle, wie viel Raum zur Verfügung steht. Selbst auf der kleinsten Fläche lässt sich Wasser gestalterisch in Szene setzen.

Der Bachlauf

Wer sich am Plätschern des Wassers erfreuen möchte, der ist mit einem Bachlauf bestens bedient. Der ideale Platz für einen kleinen Bach ist natürlich eine leichte Hanglage, die aber nicht in jedem Garten vorhanden ist. In diesem Fall genügt aber auch ein niedriger, künstlich aufgeschütteter Hügel. Ein Bachlauf hat zwei markante Punkte: den Quellbereich und die Mündung. Je ansprechender diese beiden Punkte gestaltet und bepflanzt sind, umso natürlicher wirkt er.

Wasser belebt den Garten.

TIPP **Auch ohne Teich können Sie einen Bachlauf anlegen, der einwandfrei funktioniert und für genauso viel Abwechslung sorgen kann.**

VORBILD NATUR Häufig bildet eine der Natur nachempfundene Quelle den Beginn eines Wasserlaufs. Vorbilder hierfür finden sich in schattigen Bachschluchten, wo kristallklares Wasser zwischen Steinen hervorquillt. Sehr natürlich wirken bemooste Steine. Die Quelle des Bächleins kann im vollen Schatten liegen, ja sogar etwas im Verborgenen, das bringt ein wenig Spannung in dieses Motiv.

Bachtypen in der Natur

In der Natur gleicht kein Bach dem anderen, auch die Quelltypen unterscheiden sich erheblich voneinander. Ganz grob lassen sich zwei Bachtypen beschreiben: Der Bergbach ist durch ein steiles Gefälle und ein steiniges Bachbett gekennzeichnet, der Wiesenbach weist dagegen ein nur geringeres Gefälle auf. Typisch für Letzteren sind die ausgeprägten Bachwindungen, die eine reduzierte Fließgeschwindigkeit zur Folge haben.

Bachlauf selbst bauen Für den Bachlauf selbst gibt es vorgefertigte Elemente, die man einfach verlegen kann, die aber der gestalterischen Freiheit die eine oder andere Grenze setzen. Für den richtigen Naturgartenfreund kommt natürlich nur ein selbst gebauter Bachlauf in Frage. Mit Teichfolie, Steinen, Sand und wo es wirklich nötig ist – mit Beton. Am schönsten ist es, wenn der Bach in einen Teich mündet, womöglich über einen kleinen Wasserfall. So schön ein Bachlauf als Gestaltungselement ist – es zahlt sich aus, einen Profi bei der Anlage zu Rate zu ziehen. Ein Bachlauf kann nämlich bei unsachgemäßer Errichtung für die Wasserqualität des Teiches belastend werden.

Bepflanzung für Bachränder
Erst die richtige Bepflanzung erweckt Teich und Bachlauf zum Leben. Besonders für schattige Bachränder gibt es eine Anzahl sehr dekorativer Stauden, die dem Bach ein natürliches Aussehen verleihen. Ideal ist eine Pflanzung in kleineren Gruppen von drei bis fünf Pflanzen, so entstehen die schönsten Gartenbilder. Geeignete Pflanzen sind beispielsweise Sumpfdotterblume (*Caltha palustris*), Wiesenschaumkraut (*Cardamine pratensis*), Schachbrettblume (*Fritillaria meleagris*), Pfennigkraut (*Lysimachia nummularia*), Sumpfherzblatt (*Parnassia palustris*) oder die Trollblume (*Trollius europaeus*). Auch Farne wie der Königsfarn (*Osmunda regalis*) eignen sich zur Randbepflanzung von Bachläufen.

Die Sumpfcalla verträgt keine kalkhaltige Erde.

Die Sumpfdotterblume ist eine ideale Pflanze für Bachränder.

Pflanzen für das Bachbett
Direkt ins Bachbett gesetzte Pflanzen sollte man besser in Gitterkörbe pflanzen und gut mit Steinen am Grund befestigen. Geeignet sind Sumpfkalla (*Calla palustris*), Sumpfschwertlilie (*Iris pseudacorus*), Wasserminze (*Mentha aquatica*) oder der Bachbungen-Ehrenpreis (*Veronica beccabunga*).

Pumpen

Um Wasser über eine bestimmte Entfernung und in eine bestimmte Höhe zu transportieren, benötigen Sie eine Pumpe mit hoher Leistung. In der Regel sind dies Außenpumpen, die in Ufernähe in einer gut belüfteten und trockenen Kammer untergebracht werden. Im Herbst werden Sie abgebaut und an einem frostsicheren Platz überwintert. Die benötigte Förderleistung ergibt sich aus der Breite des geplanten Bachlaufs.

Der Gartenteich

Wer über etwas mehr Platz im Garten verfügt, für den ist ein Gartenteich genau das Richtige. Er bietet zahlreichen Tieren und Pflanzen einen natürlichen Lebensraum und ermöglicht interessante Einblicke in das Leben von Amphibien und Insekten. Besonders in schattigen und halbschattigen Lagen kommt ein Teich gut zur Geltung. Die Lichtreflexionen von der Wasserfläche schaffen interessante Effekte. In den Sommermonaten sollte er fünf bis sechs Stunden Sonne am Tag erhalten, damit die Wasserpflanzen ausreichend gedeihen können. Er darf aber auf keinen Fall ständig der prallen Sonne ausgesetzt sein, weil dies das Wasser zu schnell aufheizen würde. Rasches Algenwachstum und Fischkrankheiten könnten die Folge sein.

Wassergärten bieten Raum für zahlreiche Tiere und Pflanzen.

TIPP ❦ Manche Menschen haben ein Problem mit dem Quaken von Fröschen. Vor dem Bau größerer Anlagen empfiehlt es sich, das Vorhaben mit Nachbarn zu besprechen, um spätere Streitigkeiten zu vermeiden.

Der richtige Platz

Egal, was für einen Teich Sie anlegen wollen – der ideale Standort ist ein ruhiger, halbschattiger Platz im Garten, der nach Süden und Westen offen ist. Aber auch vollschattige Plätze eignen sich durchaus für einen Gartenteich, entsprechende Bepflanzung vorausgesetzt.

Ein naturnaher Teich sollte nicht zu nahe beim Haus angelegt werden, damit die sich nach und nach einfindenden Teichgäste möglichst ungestört sind. Ideal ist ein Platz hinter einer Gruppe von Sträuchern. In diesem Fall empfiehlt es sich, wurzelechte Folie zu verwenden, damit später keine undichten Stellen auftreten. Achten sie beim Ausheben der Teichgrube besonders auf die Wurzeln nahe gelegener Bäume, diese sollten beim Graben unversehrt bleiben, um dem Baum keinen Schaden zuzufügen.

Die Anlage des Wassergartens

Bei der Form des Teiches – ob naturnah geschwungen oder streng geometrisch – haben Gartenfreunde die Qual der Wahl. Außerdem müssen sie entscheiden, ob sie ihren Teich selbst gestalten oder ein vorgeformtes Teichbecken in den Boden einbauen wollen. Folienteiche werden am häufigsten gewählt, da sie die größtmögliche gestalterische Freiheit bieten.

Die richtige Größe

Nachdem der Standort für den neuen Teich feststeht, sollte man sich Gedanken über die Größe des zukünftigen Gewässers machen. Der ausgewählte Platz muss dabei die Größe bestimmen, und nicht umgekehrt. Und die Größe richtet sich letztendlich auch danach, wie Sie den Teich später einmal nutzen wollen, beispielsweise als Zierteich, Schwimmteich oder Fischteich.

Biologisches Gleichgewicht

Es stellt sich etwa ein Jahr nach der Errichtung des Teiches ein und ist dann meist noch sehr empfindlich und störanfällig. Die Teichgröße spielt hierbei eine wichtige Rolle. Je größer der Teich, umso günstiger sind die Lebensbedingungen für Pflanzen und Tiere und umso stabiler das Gleichgewicht. Richtigerweise müsste man sagen: Je mehr Wasser, umso besser.

Abgestorbene Pflanzenteile und Tiere, Exkremente und Laub erhöhen ständig den Nährstoffgehalt im Wasser. Solange die Wasserpflanzen genug von den Nährstoffen verbrauchen, gibt es kein Problem. Entsteht jedoch ein Nahrungsüberschuss, besteht rascher Handlungsbedarf. Damit es erst gar nicht so weit kommen kann, sollte jährlich jeweils ein Teil des Teichs gereinigt werden.

Rechtzeitig planen

Wesentlich einfacher ist die Teichplanung während des Hausbaus. Große Teichanlagen können so von Anfang an in ein Gesamtgestaltungskonzept eingebunden werden. Durch diesen Umstand verringern sich auch die Baukosten, da zum Beispiel das Aushubmaterial als Hügel- oder Schutzwall in die Gartenanlage eingearbeitet werden kann.
Errichtet man einen Folienteich, muss der Untergrund vor dem Verlegen der Folie richtig vorbereitet werden. Dazu gehört auch, dass man den Teichgrund erst einmal mit Sand auslegt und ein Wurzelvlies darüber legt – das ist wichtig, damit Pflanzenwurzeln die Teichfolie nicht beschädigen. Die Folie lässt sich besonders gut bei warmem Wetter verarbeiten, dann ist sie weich und biegsam. Je nach Teichgröße sollte sie ein bis zwei Millimeter dick, reißfest, frost- und UV-beständig sein.

Gartenteichlandschaft im Herbst.

Die richtige Folie

PVC-Folien sind hochelastisch, reiß- und wurzelfest sowie frostsicher. Sie enthalten jedoch geringe Mengen an Schadstoffen, sind aber UV-beständig. Für umweltbewusste Gärtnerinnen und Gärtner gibt es im Fachhandel PVC-freie Teichfolien, wie z. B. Polyethylen-Folien. Völlig schadstofffrei, dafür am teuersten sind Kautschukfolien. Sie sind zudem besonders elastisch und haltbar. Je unebener der Untergrund ist, umso stärker sollte die Folie sein.

Den Teich bepflanzen

Wasserpflanzen werden in drei verschiedene Gruppen eingeteilt, die sich jeweils nach der Wassertiefe und der Art und Weise richten, wie die Pflanzen im Wasser leben. Man unterscheidet dabei Unterwasserpflanzen, Schwimmblattpflanzen, Sumpfpflanzen und Uferrandstauden. Die Unterwasserpflanzen haben eine besonders wichtige Funktion für die Wasserqualität, da sie Sauerstoff ins Wasser bringen und Nährstoffe verbrauchen. Die bekanntesten Schwimmblattpflanzen sind die Seerosen. Sumpfpflanzen gedeihen im Flachwasserbereich und benötigen einen Wasserstand von mindestens 10 cm.

Der Pflanzenkauf

Gute Kenntnisse über die Lebensbedingungen und Ansprüche der gewünschten Pflanzen helfen, im nachhinein große Enttäuschungen zu vermeiden. Vor dem Pflanzenkauf sollte man sich über die folgenden Pflanzeneigenschaften informieren: Die optimale Wassertiefe, die Pflanztiefe (= Wassertiefe minus Höhe des Pflanzkorbes), den Lichtbedarf der Pflanze, die Verträglichkeit mit benachbarten Pflanzen und das Ausbreitungsverhalten. Viele Fragen zur Pflanzenvergesellschaftung und zur Pflanztechnik lassen sich am besten im direkten Kontakt mit dem Staudengärtner klären.

Wildpflanzen für den Gartenteich

Besonders für den naturnahen Teich ist heimischen Pflanzen der Vorzug zu geben. Sie wurden nicht vom Menschen gezüchtet. Ihr Blütenaufbau ist speziell auf die Bedürfnisse unserer heimischen Insektenwelt abgestimmt, deshalb locken Pflanzen wie Wasserdost oder Baldrian besonders viele Schmetterlinge und andere Insekten an. Ein nicht zu unterschätzender Vorteil: Heimische Pflanzen sind robust, pflegeleicht und winterhart. Garantiert naturreine, heimische Pflanzen sind nicht überall zu bekommen. Eine große Auswahl findet sich in spezialisierten Naturgärtnereien.

Gezüchtete Pflanzen erkennt man in der Regel am Namen. So ist beispielsweise die Sumpfdotterblume *Caltha palustris* 'Multiplex' eine Zuchtform aus der heimischen Sumpfdotterblume *Caltha palustris*. Gefüllte Blüten sind für Insekten wenig nützlich. Solange nur die Farbe verändert ist, ist die Nützlichkeit für Insekten nicht eingeschränkt. Ein Beispiel sind die zahlreichen Zuchtformen der Iris.

Teiche lassen sich vielseitig bepflanzen.

Das richtige Substrat Als Pflanzsubstrat dient humus- und tonarme, sandige Lehmerde mit Schluffanteilen, die etwa 10 cm hoch auf die Folie ausgebracht und anschließend mit Rollschotter verfestigt und abgemagert wird. Eine 10 cm hohe Substratschicht reicht für die meisten Wurzelballen aus. Für Spezialkulturen wie etwa Seerosen, die ein nährstoffreicheres und tieferes Substrat benötigen, wird das Grundsubstrat an der Pflanzstelle verstärkt oder man setzt die Pflanzen in spezielle Pflanzkörbe, die anschließend auf dem Teichboden platziert werden. Einige auf die Topfoberfläche gelegte flache Steine verhindern dabei, dass Substrat ausgeschwemmt wird oder die Rhizome aufschwimmen.

Gestaltungstipps zur Bepflanzung

Erst die richtige Bepflanzung erweckt Ihren Teich zum Leben. Sorgsam ausgewählt und harmonisch aufeinander abgestimmt, halten die Pflanzen das Wasser sauber und bilden rund ums Jahr eine Augenweide für Ihren Garten.

Besonders wichtig ist auch die Gestaltung des Ufers, um eine natürliche Verbindung zwischen Teich und Umgebung zu gewährleisten. Zur Bepflanzung der Randbereiche eignen sich Sumpfvergissmeinnicht (*Myosotis scorpioides*), Wasserminze (*Mentha aquatica*), Sumpfdotterblume (*Caltha palustris*) und Blumenbinse (*Scheuchzeria palustris*).

Das Breitblättrige Knabenkraut gedeiht auf Feuchtwiesen.

Trockene Uferbereiche Bei Fertigteichen ist der Uferbereich in der Regel trocken und nicht so nass wie in der Natur. Hier gilt es, Stauden zu wählen, die möglichst naturnah wirken. Gräser wie die Waldschmiele (*Deschampsia*), der trockenheitsverträgliche Blutweiderich (*Lythrum salicaria*), Goldfelberich (*Lysimachia*), Taglilien (*Hemerocallis*) oder Federborstengras (*Pennisetum*) schaffen hier Gartenbilder, die an das Ufer passen. Auch Feuchtbodenpflanzen wie Kreuz- oder Greiskräuter (*Ligularia*-Arten), Mädesüß (*Filipendula*) oder das imposante Mammutblatt (*Gunnera manicata*), die zwar in normalem Gartenboden wurzeln, aber eine hohe Bodenfeuchtigkeit vertragen oder sogar zum Gedeihen brauchen, verbinden die Teichvegetation mit dem normalen Garten und schaffen somit einen idealen Übergang.

Die Pflanzengrösse Bei der Höhenverteilung der Pflanzen ist zu beachten, wie steil das Ufer in Richtung Teich abfällt und von wo aus man die Pflanzung betrachten will. Der fast zwei Meter hohe Wasserdost (*Eupatorium*) kommt beispielsweise auch aus der Ferne gut zur Geltung. Eine Gauklerblume (*Mimulus*) oder ein Sumpfvergissmeinnicht (*Myosotis*) dagegen sollte so gepflanzt werden, dass man es aus der Nähe betrachten kann.

Vorsicht vor Wucherern

Viele Wasserpflanzen, in der Natur wunderschön anzusehen, sind für den Gartenteich nur bedingt geeignet. Hierzu zählen große und stark wuchernde Arten wie Rohrkolben (*Typha*) und Schilf (*Phragmites*), aber auch die kleine Wasserminze (*Mentha aquatica*). In kurzer Zeit nehmen diese Pflanzen Besitz von Ihrem Teich und mit ihrem Wurzelwerk können sie sogar dünne Folien beschädigen. Auf solche wuchernde Arten sollte man in kleineren Teichen ganz verzichten oder sie in spezielle Gitterkörbe setzen, damit werden sie daran gehindert, sich allzu stark auszubreiten.

Rund um den Teich

Auch in der Natur sind die Ufer von Teichen und Bachläufen immer mit zahlreichen Sumpf- und Wasserrandstauden bewachsen. Um trotzdem an den Teich herantreten und sich an der spiegelnden Wasseroberfläche zu erfreuen, können Sie einen kleinen Bereich, zum Beispiel für einen Sitzplatz, befestigen. Auch Holzdecks, die in den Teich hineinragen, sind eine gestalterisch sinnvolle Lösung.

Die Teichregionen

Bei der Bepflanzung des Teichrandes sollten Sie ein paar grundsätzliche Dinge beachten: Der Übergang von der Wasserfläche zum trockenen Ufer besteht aus verschiedenen Zonen, die unterschiedlich feucht sind und ineinander übergehen. Je gewissenhafter diese Zonen errichtet werden, umso natürlicher wirkt die Wasserstelle.

Sumpfbeete sind vielfältige Lebensräume.

SUMPFZONE In der eigentlichen Sumpfzone steht das Wasser ständig mehrere Zentimeter hoch, das heißt, hier fühlen sich Pflanzen wohl, die dauerhaft „nasse Füße" haben möchten.

FEUCHTZONE In der Feuchtzone trocknet der Boden nicht aus, der Wasserstand kann aber je nach Niederschlagsmenge von 0 bis ca. 5 cm schwanken. Wie breit die Feuchtzone ist, hängt von der Verlegung der Teichfolie ab und davon, ob das Ufer eher steil oder eher flach angelegt ist.

TROCKENZONE In der Trockenzone herrschen in der Regel frische Bodenverhältnisse, die sich nicht wesentlich von den übrigen Bereichen im Garten unterscheiden. Alle Gartenstauden, die frischen, kräftigen Boden bevorzugen, eignen sich für diesen Bereich.

Faustregeln für Pflanzenmengen

Teichrand: 6 bis 8 kleinere oder 2 bis 3 größere Pflanzen pro m^2
Sumpfzone: 4 bis 6 Pflanzen pro m^2
Flachwasserzone: 2 bis 4 Pflanzen pro m^2
Tiefe Wasserzone: Seerosen werden nach Teichgröße berechnet. Für einen 10 m^2 großen Teich rechnet man je nach Sorte 1 bis 2 Seerosen, bei zwergwüchsigen Sorten können es auch 2 bis 4 sein. Das gilt auch für die anderen Tiefwasserpflanzen.

Freiwasserbereich Eine weiterer wichtiger Bereich ist die freie Wasserfläche und der Unterwasserbereich. Hier gedeihen Schwimm- und Unterwasserpflanzen.

Ein Sumpfbeet anlegen

Ein Sumpfbeet kann problemlos im Schatten angelegt werden. Hierfür hebt man eine 20 bis 30 cm tiefe Mulde aus und befüllt sie mit einem nährstoffarmen Teichsubstrat. Anschließend wird gerade so viel Wasser eingelassen, dass kein Wasserstand sichtbar wird. Danach kann man mit dem Bepflanzen beginnen. Beim Einsetzen der Randzonenpflanzen ist es, wie schon gesagt, besonders wichtig, auf die jeweils von der Pflanzenart bevorzugte Wassertiefe zu achten. Manche ziehen eine geringe Wassertiefe von 2 bis 3 cm vor, andere tolerieren eine Wassertiefe von bis zu 30 cm. Besonders bei robusten, stark wachsenden Arten wie dem Rohrkolben (*Typha* spec.) muss darauf geachtet werden, dass sie mit ihren zum Teil aggressiven Ausläufern die Teichfolie nicht beschädigen. Einen gewissen Schutz bieten nach unten geschlossene Pflanzkisten. Besonders reizvoll ist es, wenn ein Sumpfbeet nur mit ein oder zwei Pflanzenarten bepflanzt wird.

Pflanzen für das Sumpfbeet Eine dankbare Pflanze für das Sumpfbeet ist der Sumpfschachtelhalm (*Equisetum palustre*). Mit einer Höhe von bis zu einem Meter macht diese stark Ausläufer treibende Pflanze einen sehr imposanten Eindruck. Durch den starken Wachstumsdrang ist der Schachtelhalm aber nur für große Anlagen geeignet. Eine Pflanze für schattige Standorte ist auch der Sumpffarn (*Thelypteris palustris*). Er wird bis zu 50 cm hoch und wächst in Sumpfzonen mit bis zu 5 cm Wassertiefe.

Weitere Pflanzen für ein blühendes Sumpfbeet sind Blutweiderich (*Lythrum salicaria*), Wiesenknöterich (*Polygonum bistorta*), Sibirische Schwertlilie (*Iris sibirica*), Bachbungen-Ehrenpreis (*Veronica beccabunga*), Sumpfvergissmeinnicht (*Myosotis scorpioides*), Sumpfdotterblume (*Caltha palustris*), Trollblume (*Trollius europaeus*) und Zwergrohrkolben (*Thypha minima*).

Der Sumpfschachtelhalm eignet sich nur für größere Teichanlagen.

Denken Sie daran, dass die meisten heimischen Sumpfpflanzen vom Aussterben bedroht sind und unter strengem Naturschutz stehen. Sie dürfen auf keinen Fall der Natur entnommen werden!

Feuchtbodenpflanzen Neben den im Teich und im unmittelbaren Uferbereich wachsenden Pflanzen sind die so genannten Feuchtbodenpflanzen wichtige Bindeglieder zur umgebenden Gartenlandschaft. Die Pflanzen dieser Gruppe, etwa Wiesenschwertlilien (*Iris sibirica*), Trollblumen (*Trollius* spec.), Primeln (*Primula* spec.) oder Greiskräuter (*Ligularia* spec.) wurzeln zwar in normalem Gartenboden, vertragen aber oder benötigen sogar feuchte bis sehr feuchte Substrate. An sonnigen Standorten ist es deshalb wichtig, stets für eine ausreichend hohe Bodenfeuchtigkeit zu sorgen, da die Pflanzen sonst kümmern oder welken.

Eine sehr schöne Pflanze für das Ufer ist die Sumpfwolfsmilch (*Euphorbia palustris*). Sie wird bis zu 80 cm hoch und blüht ab Mai. Sie lässt sich in oder auch neben den Teich pflanzen. Weitere Uferpflanzen für den Schatten sind Sumpfcalla (*Calla palustris*), einige Sumpfseggen-Arten (*Carex*), Nadelsimse (*Eleocharis acicularis*) und die Wasserfeder (*Hottonia palustris*). Sehr schön sind auch die verschiedenen Iris-Arten – beispielsweise die einfache, bei uns zum Teil noch wild wachsende *Iris pseudacorus*. Wenn man über

Die attraktive Sumpfwolfsmilch.

eine große Teichanlagen verfügt, gehört sie zwingend dazu. Sie vermehrt sich sehr gut und hat mit ihrer gelben Farbe eine starke Fernwirkung.

Sonderfall Moorbeet

Wer Pflanzen kultivieren möchte, die einen feuchten Standort und sauren, moorigen Boden benötigen, sollte dafür am besten ein spezielles Moorbeet anlegen. Dazu wird der Mutterboden mindestens einen Meter tief ausgehoben. Auf den Boden legt man eine Teichfolie. Damit das Beet zwar feucht, aber nicht nass wird, sticht man die Teichfolie an mehreren Stellen ein. An diesen Stellen kann ein Teil des Wassers abfließen. Darauf füllt man ein Gemisch aus Komposterde, Laubkompost und gehäckselte Rinde. Nun wird das Beet ausgiebig gewässert, bis der Boden gut nass ist. Der pH-Wert des Substrats sollte unter 5 liegen.

Die Pflanzen In einem Moorbeet fühlen sich zum Beispiel Sumpfdost (*Ledum palustre*), Schattenglöckchen (*Pieris japonica*) oder Torfmyrte (*Pernettya mucronata*) wohl, die sehr attraktiv und dazu immergrün sind, aber in normaler Gartenerde versagen. Durch die Folie ist auch gewährleistet, dass der Mutterboden sich nicht allmählich mit dem Moorbeetsubstrat vermischt. Weitere schattenverträgliche Pflanzen für das Moorbeet sind das Fettkraut (*Pinguicula vulgaris*), der Rippenfarn (*Blechnum spicant*), Rosmarinheide (*Andromeda polifolia*), Sumpffarn (*Thelypteris palustris*), Sumpfherzblatt (*Parnassia palustris*) und Wollgras (*Eriophorum*).

Stauden für die Trockenzone

Bei der Auswahl der Stauden für die Trockenzone kann man gestalterische Aspekte in den Vordergrund stellen. Am besten eignen sich solche Stauden, die den Eindruck von Wiesenblumen vermitteln. Ist der Teich entsprechend groß, können ornamentale Blattstauden wie das Mammutblatt (*Gunnera*) mit in die Planung einbezogen werden. Für kleinere Teiche bieten sich Wiesen-Iris (*Iris sibirica*), Taglilie (*Hemerocallis*), Astilben und Felberich (*Lysimachia ciliata* und *L. clethroides*) an, ebenso fast sämtliche höheren Vertreter der Seggen (*Carex*). Schon zu Beginn des Frühjahrs stehen die Bergenien (*Bergenia*) in Blüte, ihr kräftiges Laub ist aber das ganze Jahr attraktiv.

Schattenpflanzen für die Sumpfzone

Bachbunge (*Veronica beccabunga*), Wasserstand 5 bis 10 cm
Fieberklee (*Menyanthes trifoliata*), Wasserstand 5 bis 20 cm
Froschlöffel (*Alisma plantago-aquatica*), Wasserstand 0 bis 5 cm
Hechtkraut (*Pontedria cordata*), Wasserstand 10 bis 30 cm
Igelkolben (*Sparganium erectum*), Wasserstand 30 bis 70 cm
Pfeilkraut (*Sagittaria sagittifolia*), Wasserstand 5 bis 10 cm
Schwanenblume (*Butomus umbellatus*), Wasserstand 10 bis 30 cm
Sumpfsegge (*Carex gracilis*), Wasserstand 0 bis 5 cm
Teichsimse (*Scirpus lacustris*), Wasserstand 0 bis 40 cm
Zungenhahnenfuß (*Ranunculus lingua*), Wasserstand 0 bis 5 cm

Schwimmpflanzen

Ganz ohne Bodenkontakt im Gewässer schwimmende Pflanzen bezeichnet man als Schwimmpflanzen. Sie driften praktisch ohne Einschränkungen durch den Teich oder auf dessen Oberfläche. Einheimische Arten wie die Krebsschere (*Stratiotes aloides*) sind in der Regel winterhart und tauchen bei sinkenden Temperaturen in tiefe Gewässerzonen ab, um im nächsten Frühjahr wieder an die Oberfläche zu kommen. Exotische Arten wie der Wassersalat (*Pistia stratiotes*) sind meist nicht frosthart und müssen entweder im Herbst abgefischt und bei einer Mindesttemperatur von 10 °C überwintert werden oder sterben bei den ersten Frösten ab und sinken auf den Teichgrund, wo sie verrotten und damit dem Teich leider überflüssige Nährstoffe zufügen.

Unterwasserpflanzen

Als Unterwasserpflanzen bezeichnet man all jene Pflanzen, deren Blätter zumindest teilweise unter der Wasseroberfläche wachsen. Einige, wie das Tausendblatt (*Myriophyllum spicatum*), gedeihen sowohl über als auch unter der Wasseroberfläche. Sie sind zwar mit Wurzeln in der Erde verankert, nehmen aber einen Hauptteil der Nährstoffe über die Blätter auf. Unterwasserpflanzen erfüllen im Teich wichtige ökologische Aufgaben. Sie sind wichtige Sauerstoffproduzenten, bieten Lebensraum für Amphibien, Insekten und andere Teichbewohner, bewirken Kühlung durch Beschattung, bauen Nährstoffe ab und halten zusammen mit anderen Pflanzen die Wasserqualität stabil. Die meisten Angehörigen dieser Pflanzengruppe sind sehr wuchsfreudig.

Für beschattete Teiche eignet sich die Nadelsimse (*Eleocharis acicularis*), die trotz ihres robusten Wachstums kaum andere Pflanzen verdrängt und Kleintieren einen guten Schutz bietet. Ihre geringen Lichtansprüche erlauben ihr auch ein Leben im tiefen Wasser. Es besteht auch keine Fäulnisgefahr, da die Nadelsimse im Herbst nicht abstirbt.

Unterwasserpflanzen sind wichtige Sauerstofflieferanten.

TIPP **Wichtig für die Wasserqualität sind besonders die Pflanzen, die man später gar nicht sieht. Laichkraut, Tausendblatt oder Hornkraut produzieren eine Menge Sauerstoff und helfen so, die Entstehung von Algen zu verhindern.**

See- und Teichrosen

Seerosen sind für schattige Bereiche nicht allzu gut geeignet. Sie entwickeln zwar Blätter, aber die Blühwilligkeit leidet etwas. Besser geeignet ist die Teichrose, sie verträgt den Schatten besser, bevorzugt aber etwas kühleres und tieferes Wasser als die Seerose. Beide werden in einen Gittertopf gepflanzt und im Wasser versenkt. Auf die nicht allzu nährstoffarme Erde gibt man Sand oder Kies, damit die Feinteile nicht aufschwimmen. Ein Stein auf dem Korb sorgt dafür, dass dieser am Boden bleibt.

Die Pflege des Gartenteichs

Reinigen Sie den Teich regelmäßig im Frühjahr und Herbst und entfernen Sie abgestorbene Pflanzenteile. Ein im Herbst gespanntes, engmaschiges Netz verhindert, dass Laub auf den Teichgrund absinkt und dort verfault, um in späterer Folge Nährstoffe an das Wasser abzugeben, was das Algenwachstum wiederum fördern würde.

Reinigen Sie den Teich nie auf einmal – sie entfernen sonst wichtige Tiere und Larven. Es würde längere Zeit dauern, bis diese wieder einwandern. Teilen Sie den Teich in drei Bereiche und reinigen Sie in drei aufeinanderfolgenden Jahren jeweils einen. Die beste Zeit dafür ist der November oder der März.

FRÜHJAHR Im Frühling wird es beim Teich spannend. Nicht nur Pflanzen, sondern auch viele Tiere erwachen in dieser Zeit zu neuem Leben. Umso behutsamer müssen Sie bei den anstehenden Arbeiten vorgehen. Abgestorbene Pflanzenteile und Laubreste werden aus dem Wasser entfernt. Jetzt kann man auch zu groß gewordene Pflanzen teilen oder die Bepflanzung verändern. Wenn ein Austausch des Wassers nötig geworden ist, sollte zur Erhaltung vieler Lebewesen nur ein Teil des Wassers getauscht werden.

Wasserspiele bringen Sauerstoff ins Wasser.

SOMMER Im Sommer herrscht üppiges Pflanzenwachstum, besonders die Algen können nun zum Problem werden. Ein regelmäßiges Herausfischen von Fadenalgen verhindert ein Überhandnehmen derselben. Ansonsten können Sie sich den ganzen Sommer über an der Pracht des Teiches erfreuen, insbesondere an der Teichrosenblüte.

HERBST Im Herbst gibt es viel zu tun. Entfernen Sie abgeblühte und vertrocknete

Laub im Teich

Der Schatten unter Laubbäumen bringt natürlich eine Verunreinigung des Gewässers durch den Laubfall mit sich. Dies hat zur Folge, dass durch die Zersetzung des Laubs am Teichboden zum einen dem Gewässer Sauerstoff entzogen wird, zum anderen Nährstoffe in den Teich gelangen, was im Frühjahr eine Massenvermehrung von Algen zur Folge haben kann.
Dieses Problem lässt sich mit der Befestigung eines Laubschutznetzes im Hebst einfach aus der Welt schaffen.

Pflanzenteile, noch bevor Sie ins Wasser fallen. Ein Laubnetz leistet gute Dienste gegen angewehte Blätter. Ziergräser am Teich schneiden Sie erst im zeitigen Frühling zurück.

Je weniger Pflanzenreste in den Teich fallen oder dort verbleiben, umso besser bleibt die Wasserqualität im Winter.

WINTER Im Winter überlassen Sie ihren Teich am besten der Natur. Lediglich ein Eisfreihalter (ein Bündel Stroh oder Schilfstängel erfüllen denselben Zweck) sollte den Gasaustausch während des Winters gewährleisten, da Klein- und Kleinstlebewesen auch in der kalten Jahreszeit Sauerstoff benötigen.

Teichpflanzen im Überblick

Name	lateinischer Name	Wasserstand in cm	Blatt / Blüte	Bemerkungen
Bachbunge	*Veronica beccabunga*	5 bis 10	blau	gerne am Bachlauf
Bachnelkenwurz	*Geum rivale*	0 bis 5	rötlich	bodendeckend, wintergrün
Blaugrüne Binse	*Juncus inflexus*		braun	
Fieberklee	*Menyanthes trifoliata*	5 bis 20	weiß	Heilpflanze, bildet Ausläufer
Froschbiss	*Hydrocharis morsus-ranae*	20 bis 50	weiß, Schwimmpflanze	Schwimmpflanze für kalkarmes Wasser
Froschlöffel	*Alisma plantago-aquatica*	0 bis 5	weiß	schöne Blüte
Gauklerblume	*Mimulus luteus*	0 bis 5	gelb	sät sich selber aus
Hechtkraut	*Pontederia cordata*	10 bis 30	blau	wird bis zu einen halben Meter hoch
Hornkraut	*Ceratophyllum demersum*	ab 10	keine	Unterwasserpflanze
Kalmus	*Acorus calamus*	10 bis 20	gelbgrün	Heilpflanze, attraktive Blätter, verschiedene Sorten erhältlich
Mädesüß	*Filipendula vulgaris*	6 bis 7	weiß	duftend
Nadelsimse	*Eleocharis acicularis*	10 bis 40	braun, teppichartig	Unterwasserpflanze für Schattenteiche
Pfeilkraut	*Sagittaria sagittifolia*	5 bis 10	weiß	Rhizome nicht frosthart
Rohrkolben	*Typha angustifolia*	20 bis 40	braune Kolben	wird bis 2 m hoch
Scheincalla	*Lysichiton americanus*	0 bis 5	gelb	Winterschutz notwendig
Sumpfiris	*Iris pseudoacorus*	0 bis 5	blau	im Winter trocken
Sumpfvergißmeinnicht	*Myosotis scorpioides*	0 bis 10	blau	zarte Blüten
Sumpfwolfsmilch	*Euphorbia palustris*	0 bis 10	gelb	schöne Herbstfärbung
Tannenwedel	*Hippuris vulgaris*	10 bis 30	grünlich	Sauerstoffspender
Tausendblatt	*Myriophyllum verticillatum*	30 bis 50	rosa	Unterwasserpflanze
Wasserminze	*Mentha aquatica*	5 bis 10	lila	Teepflanze
Zwergbinse	*Juncus ensifolius*	5 bis 10	bräunlich	breitet sich stark aus
Zwergrohrkolben	*Typha minima*	5 bis 10	kleine braune Kolben	windgeschützte Lage

Gartenpraxis

Die Rahmenbedingungen für die Neuanlage oder Gestaltung von Gartenbereichen können sehr unterschiedlich sein. Die gärtnerischen Grundlagen sind aber immer die gleichen. In erster Linie geht es darum, die Bodenstrukturen zu verbessern, die richtigen Pflanzen zu wählen und ein wenig über die Zusammenhänge im Ökosystem Garten Bescheid zu wissen. Welche besonderen Anforderungen Schattenbereiche im Garten an den Gärtner stellen, soll in diesem Kapitel erläutert werden.

Der Boden

Am Anfang steht die Frage, mit welcher Art von Boden man es zu tun hat. Nur wenn man den „Ist-Zustand" und die Bodenbeschaffenheit kennt, ist man in der Lage, die richtigen Maßnahmen zu treffen, um die idealen Bedingungen für ein gutes Wachstum zu schaffen. Erst dann kann man die passenden Pflanzen wählen und sicher sein, dass sie sich optimal entwickeln und gedeihen.

Die Bodenhorizontprobe

Einen ersten Eindruck von der Beschaffenheit des Bodens erhält man, indem man mit einem Spaten ein 50 cm tiefes Loch gräbt, um das Bodenprofil freizulegen. Das Profil zeigt nicht nur, wie dick die Humusschicht ist, man kann nun auch die Bodenart besser bestimmen. Mit der Bodenhorizontprobe lässt sich auch feststellen, ob der Gartenboden zu Staunässe neigt. Als Staunässe bezeichnet man einen mangelnden Abfluss des Niederschlags- oder Gießwassers im Bereich des Oberbodens. Dafür verantwortlich sind Schichten aus verdichtetem Lehm oder Ton. Staunässe führt zu Sauerstoffmangel im Boden und ist für die meisten Gewächse schädlich. Bei extremer Staunässe beginnen die Wurzeln zu faulen, was zum Absterben der Pflanze führt.

Sandboden

Sandboden ist nicht unbedingt der Boden, den man sich als Gärtner wünscht. Als Basis für einen bepflanzbaren Untergrund ist er aber auf jeden Fall geeignet. Durch den niedrigen Humusanteil können Sandböden kaum Wasser speichern, Nährstoffe werden daher sehr schnell ausgewaschen. Zur Verbesserung der Bodenstruktur muss Sandboden also reichlich mit Humus versorgt werden. Gut verrotteter Kompost eignet sich hierfür besonders. Er verbessert die Fähigkeit des Bodens Wasser zu binden und erhöht gleichzeitig den Nährstoffgehalt im Boden.

TIPP **So findet man heraus, ob der Boden zu Staunässe neigt: Füllen Sie die für die Bodenhorizontprobe ausgehobene Grube mit Wasser. Dieses sollte nach kurzer Zeit versickert sein. Ist dies nicht der Fall und staut sich das Wasser über längere Zeit, so ist unbedingt eine tiefgründige Bodenlockerung oder Dränage anzuraten.**

BODENVERBESSERUNG Sandböden sind sehr gut durchlüftet und daher leicht zu bearbeiten. Ferner kommt es auch bei starken Niederschlägen durch die gute Wasserführung zu keiner Vernässung und Verkrustung. Doch Vorsicht: Nach dem Einbringen von Kompost muss bei Trockenheit regelmäßig bewässert werden, um die darin lebenden Mikroorganismen am Leben zu erhalten, und zwar so lange, bis sich eine gute Krümelstruktur gebildet hat. Gießen Sie in diesem Fall öfter, aber mäßig. Große Wassermengen schwemmen Feinteile und Nährstoffe in tiefere Bodenschichten aus.

Bodenuntersuchung Leichte, sandige Böden besitzen meist wenig Kalkanteile und reagieren daher häufig sauer. Daher sollte der Boden-pH regelmäßig ermittelt werden, bei Bedarf ist zu kalken. Test-Sets sind überall im Handel erhältlich. Dies ist umso wichtiger, weil eine Bodenuntersuchung nicht nur rechtzeitig einen Nährstoffmangel anzeigt, sondern auch diejenigen Nährstoffe erfasst, die dem Boden gänzlich fehlen. Jede Düngerempfehlung ist daher von dem Ergebnis der Bodenanalyse abhängig. Lässt man also den Boden untersuchen, spart man sich unnötige Ausgaben für Nährstoffe, die im Boden noch ausreichend vorhanden sind.

Tonboden

Tonboden ist das genaue Gegenteil vom Sandboden. Die sehr schlechte Durchlüftung und Wasserführung bewirken, dass der Boden bei zu viel Feuchtigkeit verschlämmt, verkrustet und dann nur noch sehr schwer zu bearbeiten ist. Im Dauerschatten ist diese Bodenart besonders nachteilig, da sie sich nicht erwärmen kann und nur schlecht abtrocknet. Als erstes muss also die Wasserführung verbessert werden, dadurch ergibt sich dann auch automatisch eine bessere Durchlüftung des Bodens. Hierzu können Sie Sand, Humus und Kalk einarbeiten.

Die Schlämmprobe

Diese einfache Methode erlaubt es auf leichte Art, die Volumenanteile der Bodenbestandteile zu erkennen:
Geben Sie ein Drittel Erde aus der Oberbodenschicht in ein Glas mit zwei Dritteln Wasser, rühren Sie gut um und lassen Sie das Gemisch einige Zeit stehen. Die Bodenbestandteile setzen sich nun in Schichten am Boden des Gefäßes ab:

- Sand sinkt am schnellsten zu Boden.
- Lehm löst sich und setzt sich über der Sandschicht als Schlamm ab.
- Ton ist schwerer löslich und bildet feine Klümpchen.
- Humusanteile können bis zu drei Wochen im Glas schweben, bevor sie sich absetzen.

Kompost, das schwarze Gold des Gärtners.

Im Bodenprofil erkennt man, wie stark die Humusschicht ist.

Bearbeitung von Tonböden Tonböden sind nahezu undurchlässig für Wasser und verschlämmen leicht. Sie lassen sich deswegen nur schwer bearbeiten. Auch das Untermischen großer Mengen Sand oder Humus bringt keine Verbesserung, weder für den Boden, noch für die Pflanzen. Darüber hinaus ist häufiges und gründliches Lockern unerlässlich.

Da Tonböden nass und kalt sind, können sie erst nach einer längeren Trockenperiode, also meist spät im Frühjahr, zur Aussaat und Pflanzung vorbereitet werden. Sie eignen sich deshalb schlecht für den Anbau von Früh- und Wurzelgemüse oder für Pflanzen, die es im Wurzelbereich trockener lieben. Samen, die zur Keimung Wärme brauchen, tun sich in den schweren Böden ebenfalls sehr schwer. In nassen, kühlen Jahren keimen Pflanzen hier wegen der zu geringen Bodentemperatur nur spärlich und laufen ungleich auf, in schattigen Lagen verschärft sich die Problematik.

Erste Hilfe Bei Tonböden kann es vorkommen, dass eingebrachte organische Stoffe nicht ordentlich verrotten, sondern durch Luftmangel verfaulen. Die Aktivität der Humus bildenden Mikroorganismen ist dann sehr eingeschränkt und erfolgt nur mehr sehr langsam bzw. gar nicht. Das Verfaulen der Pflanzenreste ist die Folge, Nährstoffe werden dadurch kaum mehr freigesetzt. Am Geruch erkennen Sie sehr leicht, ob die Verrottung unter den richtigen Bedingungen stattfindet. Der typisch erdige Geruch verrät ideale Bedingungen. Riecht die Erde unangenehm nach Fäulnis, muss tiefgründig gelockert und viel Sand eingebracht werden.

Sandboden und Humus im Vergleich.

Staunässe

Im Allgemeinen sind vor einer Bepflanzung verdichteter Böden ausreichende Maßnahmen gegen Staunässe zu treffen. Bei schweren Böden darf man die Pflanzen keinesfalls zu tief setzen. Die Pflanzgrube ist gegebenenfalls tiefer auszuheben und bis zur Hälfte mit Kies oder Blähton zu befüllen, um einen guten Wasserablauf zu ermöglichen. Genauso kann man bei Pflanzgefäßen den Boden einige Zentimeter mit diesen Materialien bedecken.

Lehmboden

Landläufig wird Lehmboden oft mit Tonboden verwechselt. Lehmböden sind aber eine ausgeglichene Mischung aus Sand, Schluff und Ton. Sie führen daher relativ gut Wasser, haben meist einen hohen Nährstoffgehalt und eine gute Krümelstruktur. Je nach Lehmanteil sind sie leicht zu bearbeiten und für Pflanzen gut durchwurzelbar. Durch regelmäßige Gaben von Kompost oder Einarbeiten von Gründüngerpflanzen wird die Bodenfruchtbarkeit erhalten.

Lößboden

Wer Lößboden hat, darf sich glücklich schätzen. Lößböden sind tiefgründig und äußerst fruchtbar. Die Struktur ist feinporig und speichert daher Wasser und Nährstoffe sehr gut. Um die gute Struktur zu erhalten, ist es lediglich notwendig, hin und wieder Kalk aufzubringen, da ansonsten der Boden verdichtet und verlehmt.

Kalk- und Mergelboden

Kalkböden sind Verwitterungsprodukte von Kalkgestein, das zum Beispiel typisch für Juragebirge ist. Reine Kalkböden bestehen zu mehr als 50 Prozent aus Kalk. Es handelt sich unreife Böden, die sich für Gartenpflanzen noch nicht eignen. Solche Böden werden als hitzig bezeichnet, denn sie sind trocken und arm an Nährstoffen. Kalkböden sind nur schwer zu verbessern, auch reichliche Gaben von Humus und Kompost helfen da wenig. Sie kommen aber sehr selten vor, wenn überhaupt, dann nur in unmittelbarer Nähe von Kalkgesteinen. Kalk ist wasserlöslich und wird deshalb aus normalen Gartenböden leicht ausgeschwemmt.

Der Kalkgehalt von Mergelböden liegt unter 50 Prozent dafür weist er größere Anteile an Sand, Lehm oder Ton auf. Wenn Mergelböden mit einem hohen Sandanteil mit reichlich Humus versetzt werden, entstehen mit die besten Gartenböden, die es gibt. Dagegen sind stark tonhaltige Mergelböden nur durch reichliche Humus- und Sandgaben zu verbessern.

Lehmboden lässt sich leicht formen und kneten.

Die Fingerprobe

Einfach durchzuführen ist die Fingerprobe. Nehmen Sie eine Hand voll feuchter Erde und drücken Sie diese fest zusammen:

- Sandboden lässt sich weder formen noch kneten.
- Im Humusboden sind faserige organische Teile gut erkennbar.
- Tonhaltige Böden lassen sich gut kneten und werden beim Trocknen hart.
- Schluff- und Lehmboden lässt sich eben falls gut kneten, hat aber eine gröbere Struktur. Er zerbröselt beim Trocknen schneller.

Humus

Als Humus bezeichnet man alle organischen Bestandteile im Boden. Es handelt sich dabei um Reste und Zerfallsprodukte aus dem Abbau organischer Substanzen. Experten unterscheiden mehrere Humusarten, zwei davon erscheinen als besonders wichtig: der Nährhumus und der Dauerhumus. Grundlage für Nährhumus sind schnell abbaubare organische Stoffe. Sie bilden die Lebensgrundlage für die meisten Bodenorganismen.

Leicht abbaubare Stoffe sind Wurzeln von abgeernteten oder abgestorbenen krautigen Pflanzen, Gründüngerpflanzen und die meisten pflanzlichen Küchenabfälle.

Dauerhumus Dieser entsteht aus schwer abbaubaren organischen Stoffen, wie Stroh, verholzten Pflanzenteilen und auch Resten des Nährhumus. Er verleiht dem Boden die charakteristische dunkle Farbe. Der Dauerhumus ist für die Wasserbindung, die Speicherung der Nährstoffe und das Bodengefüge verantwortlich. Die meisten vorhin beschriebenen Böden kann man durch Beigabe von Humus verbessern oder in ihrer Qualität er-halten.

Boden-bearbeitung

Passt der Boden, ohne dass man Zusatzstoffe wie Sand, Kompost oder Ähnliches einbringen muss, sollte die Erde aber trotzdem 20 bis 30 cm tief gelockert werden. Mit einer Grabgabel oder einer Hacke und ein bisschen Ausdauer lässt sich das gut bewerkstelligen. Ein so gelockerter Boden ermöglicht nun ein müheloses Versetzen der Pflanzen, ein durchdringendes Wässern und ein schnelleres Durchwurzeln.

Bodenbearbeitung unter Bäumen

Bäume und Gehölze entwickeln arttypische Wurzelsysteme. Besonders flach wurzelnde Arten reagieren empfindlich auf Störungen im Wurzelbereich und konkurrieren mit hier wachsenden Pflanzen um Wasser und Nährstoffe. Trägt man lediglich eine Schicht Erde auf, besteht die Gefahr, dass die Bäume nach einiger Zeit eingehen. Besser ist es, die Baumscheiben mit einer etwa 5 cm starken Mulchschicht zu versorgen.
Unter Nadelbäumen kann man eine Bodenverbesserung erreichen, indem man die Rohhumusschicht samt der darunter befindlichen Erde vorsichtig abträgt und in gleicher Dicke Laub- oder Komposterde aufträgt. Diese wird nun vorsichtig mit dem vorhandenen Unterboden gemischt. Eine Beregnungsanlage verbessert die Standortbedingungen zusätzlich. Tief wurzelnde Bäume oder Gehölze lassen sich dagegen problemlos mit Stauden und Gehölzen unterpflanzen. Hier kann der Boden durch Kompostgaben verbessert werden. Alle Arbeiten sind jedoch so vorsichtig durchzuführen, dass keine Wurzeln beschädigt werden.

TIPP ❧ Beim Auftragen einer Humusschicht sollte nur unkraut- und sprossfreier Humus bzw. Kompost verwendet werden. Der ist zwar etwas teurer, aber die bepflanzten Flächen sind später wesentlich leichter zu pflegen.

Mulchen

Mulchen ist ein wichtiger Beitrag zur Bodenpflege. Eine Mulchdecke verhindert, dass der Boden austrocknet, hemmt den Wuchs von Spontanvegetation und führt dem Boden im Lauf der Verrottung Nährstoffe zu. Mulcht man beispielsweise im Herbst, entsteht bis zum Frühjahr unter der Mulchschicht ein garer Boden. Der Boden ist den Winter über auch besser vor Frost geschützt.

Verwendung von Kompost

Reife Komposterde bringt Nährstoffe und Humus in den Garten zurück. Er wird nicht untergegraben, sondern auf die zu bepflanzenden Beete von oben aufgestreut, leicht eingeharkt oder mit dem Sauzahn leicht eingearbeitet. Unter Büschen und Bäumen wird er ebenfalls nur dünn ausgestreut und etwas eingehackt. So kommt dieser wertvolle Dünger den Pflanzenwurzeln direkt zugute.

VORAUSSETZUNGEN Der Boden sollte locker und feucht sein, bevor das Mulchmaterial ausgebracht wird. Entfernen Sie zuvor auch hartnäckige Wildkräuter. Um Fäulnis und Schimmel zu vermeiden, darf das Mulchmaterial nur wenige Zentimeter dick ausgebracht werden. Zum Mulchen eignen sich fast alle im Garten anfallenden organischen Materialien. Die wichtigsten sind Rindenmulch, halbreifer Kompost, Stroh, Grasschnitt, Herbstlaub oder die Blätter gejäteter Wildkräuter. Bei letzteren sollten Sie sich vergewissern, dass nicht versehentlich Samen mit ausgebracht werden.

DÜNGUNG Bei der Neuanlage von Staudenbeeten im Schatten ist die Düngung sehr einfach. Beim Auflockern des Bodens können leicht einige Zusatzstoffe eingebracht werden, in erster Linie nahrhafter, wenig verrotteter Kompost. Dieser dient nicht nur zur besseren Nährstoffversorgung, er verbessert auch die Struktur von schweren Böden und aktiviert nachhaltig das Bodenleben. Wer keinen Kompost zur Verfügung hat, kann auf eine immer größer werdende Produktpalette von Naturdüngern zurückgreifen. Diese bestehen meist aus Hornmehl oder pflanzlichen Rohstoffen und sind ebenso wie der Kompost in der Lage, das Bodenleben zu aktivieren. Diese Dünger reichern den Boden mit organischer Substanz an, was die Bildung von Humus fördert. Mineraldünger eignen sich für Schattenpflanzungen weniger, da diese Pflanzen sehr empfindlich auf höhere Salzkonzentrationen im Boden reagieren.

Hornspäne sind ein organischer Langzeitdünger.

MÄNGEL FESTSTELLEN Der Spruch „Viel hilft viel" trifft auf Pflanzen mit Sicherheit nicht zu. Wurzelverbrennungen und Überdüngung sind die Folge. Deshalb sollte man sich genau an die Dosiervorschriften halten, die auf allen Packungen abgedruckt sind.
Mit Hilfe von Test-Sets kann man die Gehalte der Hauptnährstoffe wie Stickstoff, Phosphor und Kalium im Boden auch schnell selbst ermitteln. Dies ist sinnvoll, da nun gezielt nachgedüngt werden kann. Ansonsten wird unter Umständen unnötiger Dünger aufgebracht, was den Pflanzen wiederum eher schadet als nützt.

Organische Dünger

Organische Dünger sind Substanzen pflanzlichen oder tierischen Ursprungs. Sie haben eine milde, lang anhaltende Wirkung. Die wichtigsten sind Stallmist, Pflanzenjauchen, Guano, Rinderdung, Fischmehl, Horndünger und Algenextrakte. Ihr Vorteil ist, dass die in ihnen enthaltenen Nährstoffe erst nach und nach freigesetzt werden.

DIE RICHTIGE MENGE Bei der Erstanlage einer Pflanzfläche kann man 30 bis 50 g eines organischen Düngers pro Quadratmeter Boden ca. 20 cm tief einarbeiten. Bei bestehenden Kulturen sollte man im Frühling ca. 30 g/m^2 leicht in den Boden einharken, ohne die Wurzeln zu beschädigen. Bei Zwiebelpflanzen hilft eine Düngung nach der Blüte mit der gleichen Menge, um die Zwiebeln gut ausreifen zu lassen. Eine Kalium betonte Herbstdüngung im September macht die Pflanzen gut frostfest.

Heimische Wildstauden schattiger Standorte haben einen eher mäßigen Nährstoffbedarf.

Praxistipps zum Pflanzen

Schattenpflanzen lieben einen ungestörten Boden, der weder gehackt noch umgegraben werden sollte. Nur so kann es im Schattenbereich zur Selbstaussaat kommen. Vor einer Pflanzung muss geprüft werden, ob der Boden sauer, neutral oder alkalisch reagiert (pH-Wert). Manche Pflanzen tolerieren Kalk im Boden, wenn genügend Humus vorhanden ist. Dessen Gehalt an Huminsäuren kann den Kalk neutralisieren bzw. abpuffern. Moorbeetpflanzen tolerieren keinen Kalk.

Pflanzvorbereitungen

Für das Ein- oder Umpflanzen von Stauden, Gräsern und Farnen eignet sich ein Tag mit bedecktem Himmel. So können sich die Pflanzen am besten an ihre neue Umgebung gewöhnen. Meistens werden beim Umsetzen Wurzeln verletzt und die Pflanzen büßen einen Teil ihrer Widerstandskraft ein. Gekaufte Containerware muss vor dem Einpflanzen gut gewässert werden. Bei Stauden, die im eigenen Garten ausgegraben und umgesetzt werden, entfällt dies. Sie sollten sie aber am besten erst unmittelbar vor dem Neupflanzen ausgraben. Müssen die Pflanzen zwischengelagert werden, kann man sie vorübergehend in einen Komposthaufen oder ein brachliegendes Beet einschlagen.

Das Pflanzen Jede Pflanze soll wieder genauso tief in die Erde gesetzt werden, wie sie auch vorher im Topf stand. Weder sollte sie in einen Trichter gesetzt noch angehäufelt werden. Das Austopfen erfolgt vorsichtig, indem man die Pflanze kopfüber dreht und auf den Topf klopft. Danach sollte sich der Wurzelballen problemlos lösen. Auf keinen Fall dürfen wir versuchen, widerspenstige Pflanzen an den Stängeln oder Blättern aus dem Töpfchen zu ziehen. Im Notfall ist es besser, den Plastikcontainer mit einem scharfen Messer oder einer Schere aufzuschneiden, um die Pflanze unverletzt aus dem Topf zu bekommen. Beim Einpflanzen breitet man die Wurzeln locker im Pflanzloch aus. Dichte, verfilzte Wurzelballen ritzt man leicht an, um die Bildung neuer Wurzeln und damit ein besseres Anwachsen anzuregen.

Anschließend füllt man das Pflanzloch vorsichtig wieder mit Erde auf. Da viele Stauden, besonders aber Jungpflanzen, von Schneckenfraß bedroht sind, empfiehlt es sich, vorbeugende Schutzmaßnahmen zu ergreifen.

Laubhumus

Bei Pflanzungen in schattigen Bereichen sollte man Falllaub liegen lassen. Im Herbst oder zeitigen Frühjahr kann man zusätzlich halbverrotteten Laubkompost auf die Flächen aufbringen. Steht wenig Laub zur Verfügung, ist eine Schicht von gut abgelagertem Rindenkompost eine gute Alternative.
Diese Maßnahmen erhöhen auf Dauer den Humusgehalt des Bodens und unterdrücken den Wuchs von unerwünschten Wildkräutern.

Bewässern im Schatten

In Gartensituationen, in denen der Schatten durch Baulichkeiten, Dachvorsprünge oder dichte Baumkronen verursacht wird, ist dies meist mit Trockenheit am Boden verbunden. Zusätzlich stehen Stauden mit den Wurzeln der Bäume in Konkurrenz, sodass es bei ungenügender Bewässerung schon unmittelbar nach dem Auspflanzen zu massiven Ausfällen kommen kann.

Bewässerungshilfen Unmittelbar nach dem Einsetzen der Pflanzen ist ein kräftiges Eingießen jeder einzelnen Pflanze nötig, um einen guten Wachstumsstart zu ermöglichen. In Bereichen, wo Regenwasser nur selten oder gar nicht hinkommt, sollte man die Anschaffung einer Bewässerungsanlage in Betracht ziehen. Im Fachhandel sind sehr günstige Bewässerungsautomaten erhältlich, die in Verbindung mit Tropfschläuchen sehr zuverlässig ihren Dienst versehen. Die Tropfschläuche kann man nach dem Setzen der Pflanzen in Schlangenlinien auf den Boden auflegen und danach mit einer Mulchschicht bedecken. Tropfschläuche sind nicht nur billiger als Sprenkelanlagen, sie haben den Vorteil, dass beim Bewässern die Blätter der Pflanzen nicht benetzt werden. Doch Vorsicht! Zu viel Wasser ist mindestens so schlecht für die Pflanzen wie zu wenig. Vor allem bei sehr tonhältigen Böden ist ein gutes Mittelmaß gefragt.

Die richtige Menge Besonders während der Zeit des Einwurzelns ist das richtige Gießen besonders wichtig. Die Wurzeln müssen sich möglichst rasch optimal entwickeln können und das Erdreich gründlich durchdringen. Hierzu gießt man weniger häufig, dafür aber größere Wassermengen. Bei anhaltender Trockenheit bedeutet dies etwa alle 8 bis 10 Tage ca. 15 bis 20 l Wasser pro Quadratmeter. Wie weiß man nun, wie viel Liter man auf einen Quadratmeter gegossen hat? Ganz einfach: Man stellt ein zylinderförmiges Gefäß mit ebenem Boden und völlig geraden Wänden auf die zu beregnende Fläche. Nach dem Beregnen misst man den Wasserstand im Gefäß. Die Höhe in Millimeter gemessen entspricht der Wassermenge in Liter auf einem Quadratmeter.

Gebäudeschatten kann mit Bodentrockenheit verbunden sein.

Moos im Rasen

Moos im Rasen kann mehrere Ursachen haben: Zum einen eine unausgewogene, mangelhafte Düngung und zum anderen schlechte Standortbedingungen. Mangelhafte Düngung bewirkt eine Schwächung des Rasens, Unkraut oder Moos können sich nun ungehindert ausbreiten.

URSACHEN Eine Rasenfläche ist im Grunde eine Monokultur aus Gräsern, die den Boden einseitig belastet und auslaugt. Es treten sehr bald Mangelerscheinungen auf, wie zum Beispiel das heller werden der Blätter oder schwacher Neuzuwachs. Dort, wo das Gras sich zurückzieht, breitet sich nun Moos aus. Es verdrängt den Rasen nicht, wie oft fälschlicherweise angenommen wird, sondern wächst dort, wo kein Gras mehr wachsen kann. Das Ausbringen eines Moosvernichters ist also nicht die Lösung des Problems. Man beseitigt (nur für kurze Zeit) die Symptome, jedoch nicht die Ursache.

Moos wächst dort, wo kein Gras mehr gedeihen kann.

DIE URSACHEN BEHEBEN Es geht also darum, die Ursachen zu beheben und wieder ideale Wachstumsbedingungen für den Rasen zu schaffen. Zunächst entfernt man das Moos gründlich mit Hilfe eines Vertikutierers oder Rechens, und zwar kreuzweise. Man arbeitet zuerst von Nord nach Süd und bearbeitet die gesamte Fläche nochmals von Ost nach West. Ist nun das Moos beseitigt, kann man mit der Düngung beginnen. Verwenden Sie am besten organische Dünger wie Hornspäne und Knochenmehl sowie pflanzliche Zusatzstoffe. Solche Dünger wirken zwar langsam, verbessern den Boden aber nachhaltig durch die Anreicherung des Bodens mit humusbildenden Stoffen. Mineraldünger hingegen bauen den Humus im Boden ab. Bringen Sie den Dünger regelmäßig über die gesamte Fläche aus, entweder mit einem Saatwagen oder von Hand. Wie beim Vertikutieren geht man kreuzweise vor, um eine möglichst gute Verteilung zu erreichen.

STANDORTPROBLEME Eine viel häufigere Ursache, die zur Moosbildung führt, sind die falschen Standortbedingungen. Zu viel Schatten und eine schlechte Wasserführung des Bodens bewirken ein kümmerliches Wachstum des Rasens und sind ideale Bedingungen für das Moos.

Auch in diesem Fall kommt man mit der ausschließlichen Moosbekämpfung nicht sehr weit. Hier sind umfangreichere Maßnahmen nötig. In erster Linie muss man die Struktur des Bodens verbessern. Böden in schattigen Lagen sind feucht und kalt, es gilt in erster Linie darum, die Feuchtigkeit zu reduzieren und den Boden zu erwärmen. Eine Methode ist, nach dem Vertikutieren Quarzsand auf die Rasenoberfläche aufzubringen. Der Quarzsand muss gewaschen sein und sollte eine Körnung von 0,5 bis 2 mm haben. Mit einem Metallrechen arbeitet man nun den Sand in den Rasen ein.

Für die Verbesserung der Bodenwärme ist mitunter der Kompost zuständig. Er regt das Bodenleben an, und dadurch erwärmt sich der Boden besser. Fein gesiebter Kompost kann nun mit Quarzsand gemischt und nach dem Vertikutieren oberflächlich in den Rasen eingebracht werden. Eine zusätzliche Nachsaat mit einer Rasenregenerationsmischung, lässt die Grasdecke wieder dicht und robust werden.

Schattenrasen pflegen

Bei Rasen, der im Schatten wächst, ist zwar die Gefahr des Austrocknens durch zu starke Sonneneinstrahlung nicht so groß, aber das Sonnenlicht ist wichtig für die Photosynthese der Pflanzen und damit für ihre Gesundheit. Wenn möglich, schafft man bessere Lichtverhältnisse. Schon ein bisschen mehr Licht erhöht die Lebensdauer und Widerstandsfähigkeit des Schattenrasens.

Damit die Pflanzen im Schatten möglichst viel Fläche für die Photosynthese haben, sollte die Schnitthöhe hier 7 cm nicht unterschreiten. Auch das Wachstum von Moos, das besonders im Schatten leicht um sich greift, wird dadurch unterdrückt. Da der Rasen nicht zu sehr belastet werden sollte, reicht ein Schnitt im Abstand von 2 bis 3 Wochen. Durch den Lichtmangel erholt sich der Rasen viel langsamer von einem Rasenschnitt. Eine zusätzliche Düngung macht hier keinen Sinn, durch das langsame Wachstum kann die Pflanze die Nährstoffe nicht verwerten.

Problemlösungen

Liegen große Rasenflächen im Schatten und wird Moos zu einem Dauerproblem ist zu überlegen, ob durch beispielsweise das Fällen von Bäumen oder Entfernen von Büschen die Wuchsbedingungen für Gras verbessert werden können. Alternativ wäre eine Neuaussaat von Rasen mit schattenverträglichen Gräsern in Erwägung zu ziehen. Schließlich besteht auch die Möglichkeit, sich vom Rasen zu trennen und ein Schattenstaudenbeet anzulegen.

Dauerschatten fördert die Moosbildung.

Register

IMPRESSUM

Die Deutsche Bibliothek - CIP-Einheitsaufnahme
Die Deutsche Bibliothek verzeichnet diese Publikation in der Deutschen Nationalbibliografie; detaillierte bibliografische Daten sind im Internet über http://dnb.ddb.de abrufbar.

Für die Richtigkeit der Angaben wird trotz sorgfältiger Recherche keine Haftung übernommen.

Projektleitung: Claudia Stoifl, avBUCH
Redaktion: Redaktionsbüro Wolfgang Funke, Augsburg
Umschlag: Ravenstein + Partner, Verden
Satz & Bildreproduktion: adpl-solutions GmbH, Wien
Druck und Bindung: Landesverlag Denkmayr, Linz

Printed in Austria
ISBN 978-3-7040-2233-2

Bildquellen

Böswirth & Thinschmidt: Seite 4, 6 oben und unten, 7, 8 oben und unten, 9, 10/11, 12, 13 oben und unten, 14 oben und unten, 15 alle, 16/17, 18, 19, 20, 21, 22 beide, 23 beide, 26/27, 28 oben und unten, 29, 30 oben und unten, 31, 32 alle, 33 rechts oben und unten, 34 oben und unten, 35 alle, 36 oben und unten, 37 oben und unten, 38/39, 40 oben und unten, 42 alle, 44 alle, 45 alle, 46 oben und unten, 47, 48 alle, 49 oben und unten, 50, 51, 52/53, 54 oben und unten, 55 unten, 56 unten, 58 oben, 60 oben und unten, 61, 62, 65/66, 69 rechts und links, 70, 71, 72, 73, 74, 75 oben und unten, 76 oben und unten, 77

Joachim Brocks: Seite 4/5, 33 links, 63 rechts

Wolfgang Redeleit: Seite 68

Graphit: Stadler & Wintterlin : 55 oben, 56 oben, 57, 58 unten, 59, 63 links, 64 oben